Kleines Kompendium der Biochemie

Mineralstoff-Therapie
nach Dr. med. Schüssler

D1669137

Herausgeber:
Biochemischer Verein Zürich
www.biochemischer-verein.ch

Qontra Point
Publish
London

3. überarbeitete Auflage: Februar 2005

Copyright © 1999 beim
Biochemischen Verein Zürich,
Alfred P. Clerici, Bahnhofstrasse 286, 8623 Wetzikon 3
tel. +41 1 930 33 32 / 37

Verlag
Contra Point Publish London
Pewsey House
Suite #30
Porthkea, Truro
Cornwall TR3 6XA
U.K.

fax +44 1872 260957
pkbc.pkbc.com

Kontakt in Deutschland, Österreich und der Schweiz
tel. +41 79 603 76 74
e-mail: jm@bmo.ch
J. Marty

Autor, Text, Zusammenstellung: Dr. George C. Spring
Idee, Konzept, Text: Jo Marty
Layout: klipp & klar GmbH, Uster

ISBN 3 - 9521411 - 3 - 5

Vorwort zur 3. Auflage

Eines der wenigen Werke, die das gesamte Heilmittelangebot der Mineralstoff - Therapie auffächern und einfach und eindeutig darlegen. Die Autoren stellen die Mineralstoff-Therapie nach Dr. Schüssler nicht als ausschliessliches und eindimensionales Therapiekonzept dar, sondern weisen auf verschiedene Anwendungs-Möglichkeiten und Kombinationen mit andern Therapieformen hin. Eine klar strukturierte und umfassende Übersicht.

Prof. Dr. med. Reinhard Saller, Professor der Narurheilkunde, Universität Zürich

Vorwort

Das hier vorliegende kleine Kompendium zur Biochemie nach Dr. Schüssler bildet die Nachfolge eines der weitverbreitetsten Werke zu den «Biosalzen»: dem kleinen Ratgeber von HAZET. Über viele Jahrzehnte bot dieser kleine Ratgeber unzähligen Interessierten und Hilfesuchenden, Ärzten und Therapeuten einen ebenso raschen wie wertvollen Zugang zur Mittelwahl, Indikation und Therapie.

Der «Biochemische Verein Zürich», der das kleine Standardwerk zum Heilen mit den «Lebenssalzen», wie die weitgefächerte und doch so genial-einfache Behandlungsmöglichkeit der Biochemie nach Dr. Schüssler auch genannt wird, verlegte, kann nun mit dem Schaffen eines neuen Ratgebers die zahlreichen wissenschaftlichen und erfahrungsmässigen Erkenntnissen aus jüngster Zeit aufnehmen und dem Laien, dem Arzt, dem Forscher und dem Therapeuten weitergeben.

Ebenso wollte man dem enormen Interesse, das gerade heute aus Medizin, Molekularbiologie, komplementären Therapiebereichen usf. an die biochemische Heilweise nach Dr. Schüssler herantritt, ein genauso übersichtliches wie «rasches» Kompendium bieten. Der Biochemische Verein Zürich setzt damit seine Tradition fort, den integrativen Leitfaden zur Anwendung der biochemischen Mineralsalze für die Fachwelt wie für den interessierten Laien vorzulegen.

Das Kompendium bietet eine fundierte Informationsquelle für die Verordnung und Anwendung der biochemischen Medikamente nach Dr. Schüssler, dazu zählen auch die Abschnitte des Indikationsverzeichnisses und die Angaben zur Mittelkombination.

Jedoch weisen wir in aller Deutlichkeit und nachdrücklich darauf hin, dass es sich dabei ausnahmslos immer um Ratschläge, Vorschläge, Hinweise bzw. Anregungen handelt.

Die Anwendung der biochemischen Heilmittel orientiert sich stets nach der Beurteilung physiologischer und pathophysiologischer Prozesse und Gegebenheiten. Das heisst, die im Buch vorgeschlagenen Mittel können in jedem praktischen bzw. konkreten Fall anders sein oder weitere müssen hinzugefügt werden.

Die Biochemie nach Dr. Schüssler bildet einen klaren Unterschied zur Homöopathie. Während in der Homöopathie die Mittelwahl stets aufgrund der individuell gefärbten Symptombildung getroffen wird, hält sich die Vorgehensweise des Biochemikers zwingend an die physiologischen und pathophysiologischen Gegebenheiten. Dr. Schüssler war zwar selbst homöopathisch ausgebildeter Arzt und arbeitete die von ihm «Nährsalze» genannten Mineralsalze homöopathisch auf, sagt aber zur Abgrenzung zur Homöopathie in seinen Schriften (1878):

«Mein Heilverfahren ist aber kein homöopathisches, denn es gründet nicht auf dem Ähnlichkeitsprinzip, sondern auf den physiologisch-chemischen Vorgängen, welche im menschlichen Organismus sich vollziehen.»

«Der Grundsatz, nach welchem ein Mittel gewählt wird, drückt diesem sein Gepräge auf. Ein nach dem Ähnlichkeitsprinzip gewähltes Mittel ist ein homöopathisches, ein Mittel aber, welches den Mineralstoffen des Organismus homogen ist und dessen Anwendung sich auf die physiologische Chemie gründet, ist ein biochemisches.» – soweit im vorletzten Jahrhundert Dr. Schüssler selbst. Mit den biochemischen Mineralsalzen werden dem Organismus fehlende oder mangelhaft vorhandene

Mineralstoffe in einer Form zugeführt, in der sie die Körperzelle rasch, sicher und zuverlässig aufnehmen kann. Damit diese biochemisch gerechte Form erreicht wird, werden die Minerale via homöopathischer Methodik potenziert.

Damit können die biochemischen Mittel ausgleichend in den gestörten Funktionsablauf des Ionengefälles eingreifen und die physiologischen Prozesse normalisieren. Einfach gesagt: Die Biochemie bestätigt die Forschungsergebnisse Moleschotts, die prägnant formuliert ausdrücken: «Gesund bleiben, gesund werden kann der Mensch nur, wenn er die nötigen Mineralstoffe in der erforderlichen Menge und im richtigen Verhältnis besitzt.»

Noch einfacher gesagt: «Krankheit ist das Fehlen von Lebenssalzen», wie es Dr. Schüssler selbst formulierte. Diese Aussage bestätigt sich heute auch in der Forschung und wird durch tausendfache Heilerfolge mit den Schüsslersalzen untermauert. Immer wieder zeigen sich ausserordentliche Therapieresultate. Die enorm vielfältigen und zuverlässig wirksamen Behandlungsmöglichkeiten, die sich mit den biochemischen Mineralsalzen ergeben, ist mit ein Grund, weshalb der Biochemische Verein Zürich diese Schrift herausgibt. So ist es das Ziel des Vereins, die Heilweise mit den biochemischen Salzen zum Wohle des heutigen modernen Menschen weiter- zuvermitteln und einen fundierten Beitrag für die Gesunderhaltung, Gesundheitsvorsorge und Genesung zu leisten.

Dieses Ziel wird auch mit regelmässigen Informations-, Ausbildungs- und Vortragsanlässen umgesetzt. Auch dabei kann dieses Kompendium gute Dienste leisten. Möge auch Ihnen der vorliegende Ratgeber Hilfe, Anregung und Beitrag für Ihre Gesundheit sein.

Jo Marty
Präsident des Biochemischen Vereins Zürich

Alle in diesem Buch angegebenen Hinweise sind nach bestem Wissen und dem aktuellen medizinischen und biochemischen Wissensstand erfolgt. Jedoch können weder Autor, Herausgeber noch Verlag haftbar gemacht werden bei Nichterfolg bzw. unsachgemässer Anwendung, Dosierung oder falscher Indikation und Mittelwahl.

Bei längerdauernden und/oder ernsthaften Symptomen bzw. Krankheiten kann und darf die Anwendung mit Schüsslersalzen den Arztbesuch nicht ersetzen!

Inhaltsverzeichnis

Erstes Kapitel

Einführung in die Schüsslersche Mineralsalz-Pharmako-Dynamik

Einführung

Die von Dr. med. Schüssler im vorletzten Jahrhundert entwickelte Nährsalz-Therapie – er nannte sie Biochemie – leistet damals wie heute Ausserordentliches in der Gesunderhaltung unseres Körpers. Ja vielmehr, durch die uns heute zur Verfügung stehenden Messtechniken und experimentellen Möglichkeiten sowie die vielen neu erworbenen Erkenntnisse, die ihm zu seiner Zeit noch nicht bekannt waren, hat diese Therapie-Form eher noch an Bedeutung gewonnen.

Um die pharmakokinetischen Prozesse, die dieser Nährsalz-Thearpie zu Grunde liegen, zu verstehen, dringt man am besten etwas tiefer in die biologischen Gegebenheiten unserer Natur ein.

Der menschliche Körper wie auch der aller anderen Lebewesen ist eine Anballung von lauter wohlorganisierten Zellen und Zellverbänden, die ihrerseits die Organe bilden. Die Gesamtheit aller Organe wiederum ergeben den Organismus oder, mit anderen Worten, den Körper.

Die Zellen, die Basiselemente der Organe, sind in sich höchst differenzierte Gebilde, bestehend aus einer Vielzahl von Kleinstmechanismen wie der Zellwand, dem Plasma, dem Zellkern mit seiner DNA (Desoxyribonukleinsäure, die die Erbinformation enthält), dem endoplasmatischen Retikulum, den Mitrochondrien, dem Golgi-Apparat, den Lysosomen, dem Zytosol, dem Zytoskelett.

Jede Zelle hat ihren spezifisch zugewiesenen Aufgabenbereich, d.h. obwohl jede Zelle aus denselben Teilen besteht, hat doch jede ihre ganz besondere Charakteristik. So sind die einen zuständig für die Blutbildung, andere für den Knochenaufbau, wieder andere für die Informationsspeicherung oder die Informationsübermittlung usw. Die Gesamtsumme aller Zellen, die den menschlichen Körper ausmachen, wird auf etwa 60 Billionen geschätzt.

Können Zellen ihrem Auftrag nicht mehr gerecht werden, sei es durch chemische oder physikalische Einflüsse oder durch Mangelernährung, ungenügende Sauerstoffzufuhr, Über- oder Unterreizung, kommt es in den betroffenen Organen und schliesslich im gesamten Körper zu Störungen. Zellen ertragen nur minimale Abweichungen von ihren Normwerten. Werden diese überschritten, ist die Zelle in ihrer Funktion gestört, erschlafft und zerfällt.

Die Zelle selbst ist aber noch lange nicht die kleinste Einheit in unserem Körper. Denn wie alles andere in dieser materiellen Welt ist sie vielmehr nur Ausdruck noch kleinerer Elemente, nämlich der Moleküle. Sie in ihren Eigenschaften und Bindungsweisen bilden die Strukturen, die auf der zellulären Ebene in ihrer Vielfältigkeit zum Ausdruck kommen.

Hier im molekularen Bereich finden auch die Prozesse statt, die chemischen oder eben biochemischen, die für das zelluläre Funktionieren lebenswichtig sind. Hier ist der medikamentöse Ansatzpunkt, die Schlüsselstelle und Einwirkungsebene. Doch auch die Moleküle ihrerseits sind nicht die kleinsten materiellen Substanzen. Sie sind das Produkt von sich durch Verbindungskräfte (Elektronenverbindung) vereinigenden Atomen. Doch auch diese setzen sich wiederum aus weiteren Elementarteilchen zusammen. So hat auch das Atom je nach Anzahl Protonen, Neutronen und Elektronen, also der Kernmasse und dem Ladungszustand, eine eigene Identität. Auch dies ist aber noch nicht das Ende. Denn diese oben erwähnten Teilchen werden aus nochmals kleineren Elementen zusammengesetzt, Hadronen, Photonen, Präonen, Neutrinos, um einige zu erwähnen. In diesen Sphären muss man die uns gewohnte materielle Betrachtungsweise ablegen. Denn genau genommen kann hier nicht mehr die Rede von Teilchen sein, sondern es handelt sich vielmehr nur noch um Energieanballungen.

Man kann von einem Energiehappening sprechen, einem Tanz der Energien. Hier in dieser immateriellen Welt bildet sich, was schliesslich in der materiellen zum Ausdruck kommt. Diese Erkenntnis ändert zwar nichts an der Art und Weise, wie wir die Dinge mittels unserer Sinnesorgane wahrzunehmen vermögen, trägt aber dazu bei, die innere Natur der Dinge besser zu verstehen. Und das ist von grosser Bedeutung, denn es ist die innere Natur, die der äusseren die Prägung gibt.

Ist nämlich die Rede von Energien, drängt sich die Frage auf, was dieser Begriff beinhaltet.

Nun: Energie ist Kraft, Kraft, die fähig ist, Arbeit zu leisten. Doch Energie ist über dies hinaus noch etwas anderes – sie ist auch Information. Ohne Information läuft nichts. Was immer entsteht oder zerfällt, braucht für den Prozess, das Szenario, Information. Es verhält sich so wie im menschlichen Tun und Schöpfen. Auch hier steht zuerst der Gedanke oder eben die Information, woraus dann das Entsprechende (Technologien, Systeme, Erfindungen etc.) hervorgeht. Der Mensch macht da keine Ausnahme – die ganze Natur arbeitet und schöpft nach demselben Prinzip. Oder vielleicht umgekehrt gesagt: Die ganze Natur tut es so, deshalb ist es auch ein Prinzip des Menschen.

Wo Information fliesst, ist Kommunikation. Wo Kommunikation ist, fügen sich die Informationen zu etwas Komplexem zusammen. Diese Komplexität ist es dann, die eine bestimmte Struktur hervorbringt. Ob diese von aufbauender oder auflösender (desintegrierender) Art ist, hängt davon ab, aus was für welchen Informationen oder eben Energien sie sich zusammensetzt. Und genau da, wenn auch mehr aus der zellulär-biochemischen Sicht gesehen, lag die Schlüsselstelle, die Dr. med. Schüssler auf die Idee der Nährsalztherapie brachte. Denn Nährsalze sind lebensnotwendige Informationsträger. Ihre atomar-molekulare Struktur befähigt sie, den Zellen die notwendige aufbauende Information und Energie zu geben, die sie für ein einwandfreies Funktionieren benötigen.

Betrachtet man die Schüsslersche Nährsalztherapie unter den zuvor aufgezeigten Aspekten, so ist es nicht verwunderlich, dass mittels ihr erstaunliche Resultate erzielt werden können.

Dr. med. Schüssler sprach von der biochemischen Heilweise und Biochemie, was nichts anderes heisst als Lebens-Chemie. Wie zu Beginn erwähnt, spielt sich das organische Leben in den Zellen ab. Sie sind die Bausteine unseres Körpers. Je entwickelter ein Lebewesen ist, umso komplexer ist es; je komplexer es ist, um so höher sind seine Fähigkeiten, die schöpferische Geistes- und Lebenskraft zum Ausdruck zu bringen. Grundbedingung für alle Zellen und Organismen sind Licht, Wasser, Wärme und Luft.

Zellen werden – Zellen vergehen. In unserem Körper ist somit ein ständiges Kommen und Gehen, ein Entstehen und Absterben. In 100–120 Tagen erneuern sich in uns sämtliche Weichteilzellen (Muskelzellen, Bindegewebszellen, Hautzellen etc.). Die Blutzellen erneuern sich sogar schon innerhalb eines Monats, also in etwa 30 Tagen. Die langlebigsten sind die Knochenzellen, denn hier dauert es um die 7 Jahre, bis sie alle erneuert sind. Die meisten Zellen unseres Körpers sind jedoch nicht älter als 120 Tage, egal wie alt wir sind.

Während dieser Lebensdauer muss die Zelle mit Treibstoff, d.h. Nahrung versorgt und das Verbrauchte weggeschafft werden, was wir Stoffwechsel nennen. Unter Stoffwechsel (Metabolismus) versteht man die chemische Veränderung im Inneren unseres Körpers. Diese sehr komplexen Abläufe laufen in Zwischenstufen mit Hilfe von Fermenten ab, die ganz bestimmte Wechselwirkungen zu steuern haben. Auch hier sind es wieder informative Austausche. Als Anabolismus wird die Gesamtheit aller aufbauenden Vorgänge – als Katabolismus die Gesamtheit aller abbauenden Stoffwechselprozesse bezeichnet. Die abbauenden Vorgänge erfolgen meist durch Anfügen von Sauerstoff (Oxidation), was aerober Abbauprozess genannt wird. Es kann aber auch Wasserstoff abgegeben werden, was dann als anaerober Abbauvorgang gilt.

Wasser, Eiweiss, Kohlenhydrate, Fette, Nährsalze, Vitamine und so fort werden dem Körper durch den Magen-Darm-Kanal mit seinen Schleimhäuten zugeführt. Der Sauerstoff wird durch die Lunge aufgenommen. Aber auch Licht ist nötig, wenn auch nicht in dem Masse, wie es die Pflanzen benötigen. Wir nehmen in gewissem Sinne Licht, d.h. Sonnenenergie auf, in dem wir Pflanzen (Gemüse, Früchte) zu uns nehmen.

Die Verbrennungsprodukte, d.h. das Verbrauchte, scheiden wir über Kohlensäure, Verbrennungswasser und als abgebaute Stickstoff- und Schwefelprodukte, zusammen mit den verbrauchten Nährsalzen, durch Lungen, Nieren, Haut, Leber und Darm aus.

Die Zellen suchen sich je nach ihrem Auftrag, den sie zu erfüllen haben, die entsprechenden Nährsalze aus dem Nährstrom aus, dem mit Nährstoffen und Sauerstoff beladenen Blut, das durch feine Schlaufen, die Bluthaargefässe, die Nährstoffe und den Sauerstoff in die Lücken zwischen den Zellen (extrazelluläre Flüssigkeit) abgibt. Über diese Lücken nehmen dann die Zellen die Nahrung auf und scheiden ihrerseits die verbrauchten Stoffwechselprodukte, Schlacke und Kohlensäure dahin aus, von wo sie über die Bluthaargefässe und zum Teil von den Lymphgefässen aufgenommen und abtransportiert werden.

Die einzelnen Zellen und Zellgruppen sind für ihren Aufbau bezüglich der Nährsalze sehr wählerisch. Denn obwohl alle Zellen, Zellgruppen und Organe ihre Nahrung aus demselben Nahrungsstrom beziehen, wählen sie ihre Stoffe doch sehr individuell aus, hat doch jedes Organ seine spezifische Zellart, die wiederum ihre ganz besondere Mineralsalzzusammensetzung für ihr Gedeihen und Funktionieren benötigt.

Entdeckt wurde dies, indem Zellmaterial von entsprechenden Organen verbrannt und danach die Aschenbestandteile analysiert wurden. Mit anderen Worten: Die Zellen, seien es jene des Herzens, der Lungen, des Gehirns und so weiter, haben alle unterschiedliche Mineralbedürfnisse. Diese stehen im Zusammenhang mit der jeweiligen Eigenschaft, d.h. der molekularen und atomaren Zusammensetzung der Mineralsalze und der damit verbundenen Eigenschaften (Informationen).

Weiss man, dass im Körper sämtliche Funktionen, sei es das Bewegen der Glieder, das Denken, Hören und Sehen, das Fühlen und Wahrnehmen und das ganze Zusammenwirken aller Organe vom Zentralnervensystem, also dem Gehirn und dem sympathischen Nervensystem aus elektrisch gesteuert werden und dass die dazu nötige

Elektrizität sowie deren Leitfähigkeit durch die verschiedenen Mineralsalze erst ermöglicht wird, wird einem klar, wie wichtig die mineralischen Salze in unserem Stoffwechsel sind. Hinzu kommt, dass ohne
Mithilfe der Nährsalze die chemischen wie osmotischen Abläufe in
uns nicht stattfinden könnten. Deshalb bezeichnet man die Nährsalze
auch als Funktionsmittel. Sie sind absolut lebensnotwendig. Ohne sie
könnten die Nahrungsmittel, die Eiweisse, Kohlenhydrate, Fette und
Vitamine gar nicht in den Stoffwechsel eintreten. Jegliche Form von
Auf- oder Abbau wäre unmöglich. Selbst die Pflanzen können ohne
mineralische Nährsalze keine organische Substanz bilden. Man kann
berechtigt sagen: ohne Mineralsalze kein organisches Leben. Auch
der Mensch macht da keine Ausnahme. Wir sind wie alle anderen
Lebewesen physisch an die Erde gebunden. Diese Tatsache ist Hinweis genug, dass eine ausreichende Nährsalzversorgung für den
menschlichen Organismus notwendig ist, soll er funktionstüchtig und
gesund sein.

Diese Erkenntnis war es dann auch, die Dr. med. Schüssler veranlasste,
seine biochemische Heilweise zu entwickeln.

Die Nährsalze sind in kleinsten gelösten Mengenanteilen in den Zellen
vorhanden. Auf eine Zelle trifft es nicht mehr als ein paar billionstel
Gramm. Die Mineralsalze sind zudem in einem elektrisch gespaltenen
Zustand, nämlich aufgeteilt in positive und negative Ionen, also
Teilmoleküle. Diese Anionen und Kationen, bezeichnet nach ihrem
Ladungszustand, sind Kraft- und Lebensvermittler. Wir bewegen
uns hier also wieder in den eingangs erwähnten molekularen und
atomaren Gefilden.

In der von uns eingenommenen Nahrung sind die mineralischen
Bestandteile noch nicht als aktive, ionisierte Nährsalze vorhanden. Sie
sind vielmehr an die organische Substanz der Nahrung gebunden.
Durch den Verdauungsvorgang holt sich der Körper die Nährsalze aus
der Nahrung heraus und bringt sie schliesslich in ionisiertem Zustand
zu den Zellen. Überschüsse werden ausgeschieden.

Die unterschiedlichen Mineralsalze stehen dann im ionisierten Zustand in gegenseitigem Kräftespiel den Zellen und Körpersäften zur Verfügung.

Dieses Kräftespiel oder eben das Verhältnis der verschiedenen Mineralsalze zueinander ist auf einen eng begrenzten physiologischen Definitionsbereich beschränkt. Schon geringste Schwankungen können empfindliche Störungen verursachen: Es kann zur Überreizung oder Lähmung der Zelle führen oder gar zu deren Absterben. Auch können Zellinformationsveränderungen auftreten, was unter anderem zu Zellwucherung ausarten kann.

Es handelt sich also um einen äusserst sensiblen Mechanismus. Die Zellen erschlaffen relativ schnell, ist aus irgendeinem Grund die Nährsalzzusammensetzung und deren Gehalt nicht mehr im richtigen Verhältnis. Verschiebungen können viele unterschiedliche Ursachen haben, so z.B. durch eine Infektion, eine Erkältung, aber auch durch Stress, Übermüdung, psychische Probleme, Sorgen, Kummer, Unruhe, Hang zum Grübeln und Depression. Es sind, mit anderen Worten, alle krankmachenden Reize, denen sich der Körper gegenüber sieht und gegen die er sich zu verteidigen hat. Dazu benötigt er aber mehr Mineralsalze als sonst, d.h. der Verbrauch steigt an. Kann der Nachschub für die verbrauchten Mineralsalze nicht gewährleistet werden, erschlaffen die betroffenen Zellen. Sie können ihre Funktion nicht mehr erfüllen. Damit ist aber auch das Organ, das sie bilden, nicht mehr in der Lage, seiner Aufgabe gerecht zu werden: Es wird krank.

Nach dem berühmten Physiologen Professor Virchow ist das Wesen der Krankheit die krankhaft veränderte Zelle.

Besteht nun die Möglichkeit, den durch die krankmachenden Reize entstandenen Mangel an Nährsalzen zu beheben, so gewinnen die Zellen schnell ihre natürliche Spannkraft zurück, sind wieder widerstandsfähig und können ihre Funktion erfüllen. Der hungernden Zelle sollte jedoch die Nahrung (Nährsalze) in leicht aufnehmbarer Form dargeboten werden. Die Erfahrung hat gezeigt, dass es nicht vorteilhaft ist, einfach grössere Mengen des fehlenden Salzes einzunehmen, um den Mangel abzudecken. Der Grund dafür: Durch ein Übermass an Nährsalzen, die die transportierenden Organe wie Mund-, Magen- und Darmschleimhäute zu bewältigen haben, kommt es zu Gereiztheit und kräftiger Abwehr. Dies erfüllt nicht den gewollten Zweck, sondern bewirkt genau das Gegenteil: Der bestehende Mangel wird grösser. Dies, weil sich die Zellen durch Abgabe von Eigenflüssigkeit gegen das Übermass der eindringenden Salze wehren.

Damit dies nicht geschieht, sollte die fehlende Menge an Nährsalzen in biologisch verdünnter Form dargereicht werden. Und genau da setzt Dr. med. Schüsslers geniale Beobachtungsgabe und Erfahrung ein. Er sagte: «Jedes biochemische Mittel muss so verdünnt sein, dass die Funktion gesunder Zellen nicht gestört wird, vorhandene Funktionsstörungen jedoch ausgeglichen werden können. Die Dosis eines zu biochemischen Zwecken verordneten Salzes darf eher zu klein als zu gross sein. Ist sie zu klein, so führen Wiederholungen zum Ziel, ist sie zu gross, so wird der beabsichtigte Zweck verfehlt.» Viel hilft viel, ist in diesem Falle ein Irrtum.

Es gilt vielmehr das Grundgesetz, postuliert von Professor Arndt und Schulz: Schwache Reize fachen die Lebenstätigkeit an, mittelstarke fördern sie, starke hemmen sie und stärkste Reize heben sie auf.

Funktionsmittel (Nährsalze) müssen somit in kleinen Dosen eingenommen werden.

Ist die Mineralsalzmenge in kleinste Portionen und zudem molekular aufgegliedert, ist eine direkte Hilfe an die ausgemergelten und kranken Zellen möglich. Sie werden vitalisiert, zugleich aktivieren sie benachbarte Zellverbände, was zu einer rascheren Heilung beiträgt. Die leicht löslichen Nährsalze wurden von Dr. med. Schüssler meist in der sechsten Dezimalverdünnung (D6) und die schwer löslichen in der zwölften Dezimalverdünnung (D12) angewendet.

Hierzu eine kurze Übersicht bezüglich der Aufbereitung, d.h. der Potenzierung der Mineralsalze.

Man nimmt einen Porzellan-Mörser, schüttet 1 Gramm eines entsprechenden Mineralsalzes hinein und verreibt dieses mit 9 Gramm Milchzucker über längere Zeit (ca. 1 Stunde). So erhalten wir die erste Dezimalverreibung = 1. Potenz (D1). Die erste Dezimalverreibung enthält somit 1/10 der Gesamtmenge des verriebenen Salzes. Nehmen wir nun davon wieder 1 Gramm und verreiben es mit 9 Gramm Milchzucker über eine längere Dauer, so erhalten wir die zweite Dezimalverreibung, also die 2. Potenz (D2).

Verfahren wir so weiter, so haben wir z.B. in der sechsten Dezimalverreibung – 6. Potenz (D6) – noch einen Salzanteil, der einem Millionstel entspricht. $\dfrac{1}{1'000'000} = \dfrac{1}{10^6}$

Schauen wir uns die Potenzierungsvorgänge in Zahlen an, so sieht dies folgendermassen aus:

$$D1 = \frac{1}{10} \qquad D2 = \frac{1}{100} \qquad D3 = \frac{1}{1'000}$$

$$D4 = \frac{1}{10'000} \qquad D5 = \frac{1}{100'000} \qquad D6 = \frac{1}{1'000'000}$$

Setzen wir diesen Vorgang bis zur zwölften Dezimalverdünnung fort, so erhalten wir die 12. Potenz:

$$D12 = \frac{1}{1000'000'000'000}$$

also eine Verdünnung von einem Billionstel.

Betrachten wir die Zahlen näher und versuchen sie anschaulicher zu machen, dann können wir sagen, dass bei der sechsten Dezimalverreibung in einer Tonne (1000 kg) Milchzucker nur ein einziges Gramm des entsprechenden Mineralsalzes vorhanden ist.

Diese Tatsache hat schon viele Diskussionen ausgelöst, da man sich fragte, ob eine dermassen hohe Verdünnung überhaupt noch wirksam sein könne, oder ob es sich lediglich um einen Placebo-Effekt handle. Doch wer sich ein bisschen tiefer mit der Sache befasst, weiss, dass das Gewicht in diesen Verdünnungsformen nicht von Bedeutung ist. Hier muss man sich mit den Einheiten befassen. Zu diesem Zweck merke man sich, dass ein Molekül etwa 3 bis 4 Ångström Durchmesser hat (Ångström (Å) = 1 x 10^{-10} m = 1 x 10^{-8} cm, was einem Zehnmillionstel Millimeter entspricht). Wird also die Menge noch so klein genommen, so haben wir es trotzdem mit mehreren Trillionen, ja Trilliarden Einheiten, d.h. Teilchen zu tun. Gehen wir von einer Trilliarde aus, das ist eine 1 mit 21 Nullen, dann haben wir in der 6. Potenz, also der 6. Dezimalverreibung, da das Mineralsalz einen Millionstel der Gesamtmenge ausmacht, noch immer eine Billiarde, das sind 1000 Billionen Salzmoleküle.

Da unser Körper aus 60 – 70 Billionen Zellen besteht, von denen ja jeweils nur ein Teil erkrankt sein kann, so ist es offensichtlich, dass immer noch eine ansehnliche Anzahl Salzmoleküle auf die entsprechenden Zellen entfallen.

Am besten nimmt man die verdünnten Nährsalzmengen über Zungen- und Rachenschleimhäute, also perilingual auf. Man lässt die mit Milchzucker verdünnten Nährsalztabletten langsam auf der Zunge vergehen oder man gibt sie in ein wenig Wasser gelöst auf die Zunge. Werden sie gleich geschluckt, also über den Magen eingenommen, so verdünnt sich ein Mittel der 6. Potenz auf etwa die 9. bis 10. Potenz. Daraus ergibt sich eine veränderte Wirkungsweise.

Die medizinisch biologische Forschung konnte im Falle von ionisiertem Jodsalz experimentell feststellen, dass dieses sehr schnell durch die

Mundschleimhäute in die Lymphbahnen gelangt und von da ins Blut diffundiert. Von der Aufnahme über den Mund bis zum Zeitpunkt, wo es im Blut gemessen werden kann, vergehen nicht mehr als 7 bis 8 Minuten.

Dass auch Millionstel Gramme wirksam sein können, wurde zuvor abgehandelt. Hier noch eine kurze Ergänzung zu dem Erwähnten. Der Umstand, dass eine winzig kleine Menge eines Nährsalzes, je nach seiner Art, immer noch 100 bis 160 Billiarden Moleküle oder doppelt so viele Ionen (elektrisch geladene Teilmoleküle) aufweist, zeigt deutlich, dass auf jede einzelne Zelle unseres Körpers einige tausend Ionen dieses Salzes kommen.

Unsere Nervenzellen sind schon auf kleinste Einheiten empfindungs-fähig. Zum Beispiel können gewisse Giftgase in milliardstel Verdün-nung erstickend oder, im Gegensatz dazu, Duftstoffe wohltuend und heilend sein. Doch nicht nur der Mensch, sondern auch Pflanzen und Tiere zeigen ähnliche oder zum Teil noch grössere Empfindsamkeit gegenüber kleinsten Mengen verdünnter Stoffe.

Die Feinheit und die Gleichmässigkeit, wie die Mineralsalze auf die Trägersubstanz (Milchzucker) verteilt sind, spielt eine wesentliche Rolle bezüglich der Wirksamkeit. Einleuchtend ist dies bei schwer löslichen Salzen und der Kieselsäure. Geht man nämlich davon aus, dass sich in einer millionstelfachen Verdünnung pro Gramm je 100 Teilchen mit dem Gesamtgewicht von 1 Millionstel Gramm befinden, in einer anderen aber die Auflösung oder besser Aufteilung des schwer löslichen Salzes in Moleküle so fein ist, dass pro Gramm je 100 bis 160 Billiarden kleinste Teilchen vorhanden sind, die sich auf der Zunge sofort ionisie-ren, so ist es nicht schwer zu erraten, welche von den beiden Verdün-nungen die wirksamere ist.

Somit gilt: Je feiner die Verarbeitung, d.h. die Verteilung, umso grösser ist die Löslichkeit, je grösser die Löslichkeit, desto wirksamer das Mittel. Um diesen anspruchsvollen, qualitativ hohen Status der Verdünnung und ihrer Gleichmässigkeit zu erreichen, ist an den Hersteller eine hohe Anforderung gestellt. Es verlangt von ihm äusserst präzises Arbeiten und erstklassige Instrumente und Apparaturen. Nur diesen Bedingungen gerecht werdende Mineralsalzmittel können den ausgelaugten und hungernden Zellen die nötigen Nährsalze in der Form bieten, die aktionsfähig, funktional und leicht aufnehmbar sind. Nur so haben sie wirklich belebende und heilende Wirkung und können den Zellen mit körpereigenen Stoffen die bestmögliche Hilfe bieten.

Gerade darin liegt der prinzipielle Unterschied der biochemischen Heilmethode von Dr. med. Schüssler im Vergleich zu anderen Heilprinzipien, die oft mit körperfremden Stoffen die Heilung zu erreichen versuchen.

Sicher gibt es eine ganze Reihe anderer hervorragender Medikamente und Heilmittel, mit denen dem Menschen geholfen werden kann. Doch eine wirkliche Heilung kann nur die Natur selbst hervorbringen. Der Mensch mit allen seinen Bemühungen kann diesen Heilungsprozess nur unterstützen.

Eine dieser unterstützenden Methoden ist die substituierende biochemische Nährsalzmethode von Dr. med. Schüssler. Sein Bestreben war, die kranke Zelle mit den Stoffen zu versorgen, die ihr ermöglichen, sich selbst wieder zu regenerieren, damit sie wieder aktionsfähig ist und ihre Funktion ausüben kann. Dadurch wird die Abwehrkraft des Körpers gestärkt, was schliesslich zur Heilung führt.

Selbstverständlich sollte eine der Situation angepasste Verhaltens- und Lebensweise eingehalten werden, damit die Funktionsmittel, d.h. die Mineralsalze ihre volle Wirkung entfalten können.

Wer nicht in einem gewissen Rahmen vernünftig und natürlich lebt, gefährdet seine Gesundheit. Ohne Änderung seiner Verhaltensweise wird sich die Gesundheit auch mit ein paar Pillen nicht zurückholen lassen. Wer wieder gesund werden will, muss sich darum bemühen und nicht der Meinung sein, die anderen tun es schon für mich. Es besteht heute oft die Vorstellung, dass man Gesundheit buchen kann wie eine Reise, doch dem ist nicht so.

Die überraschend guten Heilerfolge mittels biochemischer Funktionsmittel, also Nährsalze, bei kleinen Kindern und ebenso bei Tieren ist Beweis genug, dass diese Therapieform nicht auf Suggestion oder Glauben, d.h. nicht auf Placebowirkung beruht, um wirksam zu sein. Dies heisst jedoch keineswegs, dass eine positive Einstellung zur Behandlungsmethode oder eben dem Behandlungsmittel nicht heilungsfördernd wäre. Im Gegenteil, es hilft dem Genesungsprozess entscheidend.

Hierzu eine kleine Anmerkung:

In unserem Körper entstehen pro Sekunde etwa 5 Millionen neue Zellen. Jede dieser Zellen übernimmt die gesamte Information der Mutterzelle. Doch nicht nur dies: Sie reagiert auch auf Impulse, Reize, also Informationen, die ihrerseits wieder abhängig sind von Situationen, Umständen, Ereignissen, Empfindungen, Gedankengängen und Zuständen, genauso wie die Mutterzellen. Fliessen nun stets mehr oder weniger dieselben Informationen, so stellt sich auch die neue Zelle darauf ein. Eine wesentliche Veränderung kann somit auch eine neue Zelle nicht erwirken, oder wenn, dann nur sehr beschwerlich. Dies heisst, ändern wir unsere Einstellung zu Umständen und Situationen und dergleichen nicht, bleibt der Zustand erhalten oder verändert sich nur sehr schwerlich. Beziehen wir dies zuvor Erwähnte auf einen Genesungsprozess, so steht ausser Frage, dass die Einstellung dabei eine sehr entscheidende Rolle spielt.

Denken, Fühlen, Handeln, Empfinden und Wahrnehmen sind immer mit Reizen und Impulsen verbunden, die unser ganzes Wesen sowohl psychisch wie physisch beeinflussen. Anders ausgedrückt: Jedes psychische Ereignis manifestiert sich sofort auch körperlich. Gedanken und Empfindungen spielen sich nicht nur im Kopf ab, vielmehr ist bei einem Gedankenvorgang der ganze Körper mitbeteiligt. Feinste bis starke Muskelkontraktionen durchlaufen den Körper, es kommt zu Spannungszuständen und Entspannungen. Meist sind wir uns jedoch dieser Tatsache nicht bewusst. Dadurch werden psychosomatische Reaktionen verständlich und die damit verbundenen organischen Funktionsstörungen. Mitunter aber auch, dass Gefühle, Empfindungen, Gedanken, die in ihrer Eigenschaft eher destruktiver Natur sind, konsequenterweise auch die dazu passenden Entsprechungen hervorbringen. Dass dies einer Genesung eher hinderlich sein kann, müsste eigentlich nicht speziell erwähnt werden.

Anders herum sind aber konstruktive Empfindung, konstruktive Gedanken, eine konstruktive Einstellung von aufbauender und heilender Wirkung. Seelisch positive Erregungen wie Freude, Zuversicht, Glaube begünstigen somit jeden Heilerfolg. Negative psychische Erregungen dagegen fördern eher Krankheitsformen. Zu ihnen gehören Depressionen aller Art, ständige Angst, Sorge, Verzagtheit, aber auch Gefühle wie Neid, Hass, Missgunst, Grübelei. Wer sich diesen Empfindungen hingibt, disponiert förmlich vielerlei Krankheiten. Meist sind sie sogar die Ursache dafür. Das sympathische Nervensystem wird dadurch leidend und die Folge davon ist dann die eine oder andere Krankheit. Ein grosser Teil aller Erkrankungen ist seelisch bedingt. Deshalb sollte ein guter Arzt immer auch in gewisser Hinsicht Seelsorger sein.

Mit der Behandlung von akuten und chronischen Krankheiten sind die Möglichkeiten der von Dr. med. Schüssler geschaffenen Biochemie noch nicht ausgeschöpft.

Ihr fällt nämlich eine weitere wichtige Rolle im volkswirtschaftlichen wie volksgesundheitlichen Bereich zu. Denn mittels der Mineralsalz-Therapie, auch Funktionsmittel-Therapie genannt, ist es möglich, auch konstitutionelle und dispositionelle Krankheitsformen zu behandeln, sie günstig zu beeinflussen oder gar zu heilen.

Was ist unter konstitutionellen und dispositionellen Krankheiten zu verstehen? Unter Konstitution ist die gesundheitliche Verfassung eines Menschen zu verstehen, welche teils durch Vererbung, teils durch ungünstige Bedingungen und ungesunde Lebensweise erworben ist.

Disposition bedeutet eine gewisse konstitutionelle Schwäche oder Anfälligkeit gegenüber gewissen Krankheiten. Eine Disposition ist dadurch erkennbar, dass dieselbe Krankheit immer wieder aufzutreten vermag.

Wird durch regelmässige Einnahme der nötigen Mineralsalze der durch die Disposition meist vorhandene Mangel behoben, so kann der Anfälligkeit solcher Krankheitsformen vorgebeugt oder diese sogar zum Verschwinden gebracht werden. Dabei ist gleichgültig, ob diese ererbt oder durch unzweckmässige Lebensweise erworben wurde. Das heisst, die Nährsalze von Dr. med. Schüssler sind auch zweckmässige Konstitutionsmittel.

Kurz zusammengefasst:

Die biochemische Behandlungsweise von Dr. med. Schüssler mittels seiner ungiftigen körpereigenen Nährsalzen, oder eben Funktionsmittel genannt, ist in der Hand des wissenden Arztes ein hervorragendes Instrument, leidenden Menschen wie auch Tieren Linderung und Heilung zu verschaffen. Durch ihre Einfachheit in Anwendung und Verständnis ist sie zudem ein ausgezeichnetes Mittel in der Volksmedizin. Besitzt sie doch in idealer Weise die Eigenschaften, die eine Volksmedizin voraussetzt: einfach, ungiftig, zuverlässig wirksam und leicht verständlich in ihrem Konzept.

Zweites Kapitel

Die 12 essentiellen Mineral-Salze in Funktion und Anwendung

Nr. 1: Calcium fluoratum D12

Calcium fluoratum D12	Funktion	Anwendung
CaF$_2$ Fluss-Spat	Schmelz der Zähne	Zahnerkrankungen Karies
	Knochen und Oberhautzellen Epidermis Elastische Fasern	Bandscheibenschäden Gelenkbeschwerden Rachitis bei Kindern Frühes Altern der Haut
	Entlastet Blutkreislauf kräftigt die kleinen Gefässe Resorption von Gefässverhärtung	Elastizitätsverlust der Blutgefässe Hämorrhoiden Krampfadern Arterienverkalkung
	Bindegewebe	Gewebe- und Drüsenverhärtung Nabel-, Leistenbruch Bei Geschwulsterkrankungen unterstützend Bluterguss Quetschungen

Nr. 1:

Calcium fluoratum D12
Fluorcalcium – Fluss-Spat CaF$_2$

Von diesem äusserst schwer löslichen Salz enthält der menschliche Körper gesamthaft etwa 150 g. Der grösste Teil davon ist als ungelöste Substanz in der Knochenmasse, der Knochenoberfläche und dem Zahnschmelz vorhanden. Calcium fluoratum verleiht sowohl den Knochen wie Zähnen die zähe Härte.

Ein kleiner Anteil kommt gelöst in den elastischen Fasern und in den Epidermiszellen (obere Hautzellen) vor. Erschlaffung der elastischen Fasern und des Gewebes, Gefässerweiterung, Verlagerungen und Vorfälle haben ihre Ursache oft im Mangel von Calcium fluoratum. Selbstverständlich kann dies alle inneren Organe betreffen.

So bewährt sich die Calcium fluoratum-Salbe als vorzügliches Mittel gegen Hämorrhoiden. Durch die Einnahme des Salzes kann löcherigen Ausschwitzungen auf der Oberfläche eines Knochens oder Zahnbelages entgegengewirkt werden. Ebenfalls ist seine Anwendung zu empfehlen bei verhärteten Drüsen sowie verhärteten Narben. Bei sämtlichen Verhärtungen besteht der Verdacht eines Mangels an Calcium fluoratum.

Calcium fluoratum ist besonders für Kinder ein wichtiges Aufbausalz für eine stabile Knochen- und Zahnbildung. Mangel daran äussert sich z.b. bei rachitischer und skrofulöser Genese.

Werden die Fasern der Arterien durch permanenten Bluthochdruck erschlafft, d.h. weiten sie sich, drohen sie zu platzen. Die Natur flickt diese Schwachstellen, indem sie Kalk einlagert. Die Folge davon: Arterienverkalkung. Wird über längere Zeit Calcium fluoratum D12 eingenommen, können die elastischen Fasern ihre Flexibilität wieder erlangen. Haben die Fasern ihre natürliche Elastizität wieder erreicht, löst sich automatisch der eingelagerte Kalk wieder auf. Der ungesunde Zustand der Arterienverkalkung verschwindet – der Blutdruck pendelt sich wieder in den normalen Werten ein.

Calcium fluoratum-Mangelerscheinungen sind oft von chronischer Art und bedürfen in der Regel einer längeren Einnahme. Oft steht ein Calcium fluoratum-Mangel in Verbindung mit anderen Nährsalzdefiziten, z.B. bei mangelndem Wachstum der Kinder, wo nebst Calcium fluoratum-Mangel auch Natrium chloratum fehlt. Ein Grund dafür kann darin bestehen, dass Kinder das gleiche übersalzene Essen zu sich nehmen wie die Erwachsenen.

Alterserscheinungen stehen oft in Zusammenhang mit zusätzlichem Mangel an Silicea. Bekannt für Calcium fluoratum-Mangel ist der Altersring, eine deutliche Verblassung des äusseren Randes der Regenbogenhaut des Auges.

Nr. 2: Calcium phosphoricum D6

Calcium phosphoricum D6	Funktion	Anwendung
$CaHPO_4 \cdot 2H_2O$ Kalziumphosphat	Reichlich im Körper vorhandenes Salz Hauptmasse fester Knochensubstanz	Bei Knochen- und Zahnerkrankungen Bei nicht gut heilenden Knochenbrüchen
	Kleiner Teil befindet sich gelöst im Körper	
	In allen Zellen vorhanden	Bei Blutarmut Bleichsucht Lungenleiden
	Bildet nach Dr. med. Schüssler die Haupt-rolle bei der Umwand-lung von pflanzlichem und tierischem Eiweiss der Nahrung in Körper-eigene Eiweisse – Aminosäuren Eiweiss-synthese	
	Biochemisches Auf-bau- und Kräftigungs-mittel	Nervöse Störungen Rasche Ermüdbarkeit Schlafstörungen Menstruationsbeschwerden In der Schwangerschaft In Rekonvaleszenz
	Wirkt langsam längere Zeit einnehmen	Bei Ameisenlaufen Kribbeln in den Gliedern

Nr. 2:

Calcium phosphoricum D6
Kalkphosphat – phosphorsaurer Kalk
$CaHPO_4 \cdot 2H_2O$

Calcium phosphoricum bildet die Hauptmasse der festen Knochensubstanz, d.h. es kommt in einer Menge von 4–5 kg im Körper vor. Gelöst und mit der typisch funktionellen Aufgabe befindet sich nur eine kleinere Menge in sämtlichen Zellen unseres Organismus.

Nach Dr. Schüsslers Betrachtung spielt es die Hauptrolle vornehmlich bei der Umwandlung von pflanzlichem und tierischem Eiweiss unserer Nahrung in menschlich körpereigenes Eiweiss (Protein).

Proteine, bestehend aus verschiedenen Aminosäuren, sind die Bausteine zur Bildung von Zellen und damit auch von roten Blutkörperchen (Erythrozyten). Kann der Körper nicht genügend eigenes Eiweiss synthetisieren, entsteht bei Kindern Wachstumsstörung und bei Erwachsenen mangelnde Erneuerung der Zellen, was sich in Abmagerung (Kachexie) und Blutarmut äussert. Calcium phosphoricum ist somit ein äusserst wichtiges Aufbausalz.

Nebst der oben erwähnten Mangelerscheinung bei defizitärem Calcium phosphoricum gibt es noch eine ganze Reihe anderer krankhafter Merkmale, so bei Kindern im Zusammenhang mit Natrium chloratum-Mangel Appetitlosigkeit, Rachitis, Skrofulose (Drüsenkrankheit) und in Verbindung mit einem Ferrum phosphoricum-Mangel Tuberkulose, eine Krankheitsform, die man überwunden glaubte, die aber zur Zeit wieder vermehrt vorkommt.

Erwachsene zeigen gleiche und ähnliche pathogene Erscheinungsbilder wie Tuberkulose, dann gestörte Zellbildung, z.B. Polypen in der Nase. Bei den meisten Formen von Wucherungen ist ein gestörtes Calcium phosphoricum-Verhältnis im Spiel

Zehrende Krankheiten, die mit einer grossen Zellabnützung einhergehen, wie langes, hohes Fieber, sich dahinziehende Infektionskrankheiten, die eine gesunde Zellerneuerung beeinträchtigen, benötigen zur Rekonvaleszenz reichlich phosphorsauren Kalk. Zehrende Krankheitsformen wie Tuberkulose sowie Krebs gehen meist einher mit ungenügendem Calcium phosphoricum, oft mit Mangelerscheinungen anderer zusätzlicher Salze. Diphterie ist eine typisch konstitutionsbedingte Calcium phosphoricum-Mangelerscheinung. Sie kommt meistens nur bei Kalkmangel-Leidenden vor.

Kreislaufstörungen, vor allem wenn es Drüsen, Oberhaut, Schleim- und seröse Häute betrifft, sind oft auch Anzeichen mangelnden Calcium phosphoricums. Ebenso sind Krampfzustände bei Blutarmut wie auch abnorm brüchige Fingernägel Indiz von unzureichendem Calcium phosphoricum.

Symptomatisch sind weiter wächserne Gesichtsfarbe (Bleichsucht), unruhiger, gestörter Schlaf, oft verbunden mit Albträumen, Kribbeln in den Gliedern und Ameisenlaufen, mangelhafte Kallusbildung bei Knochenbrüchen, d.h. unter Einwirkung von Calcium phosphoricum heilen Knochenbrüche schneller.

Nr. 3: Ferrum phosphoricum D12

Ferrum phosphoricum D12	Funktion	Anwendung
FePO$_4$ · 4H$_2$O Eisenphosphat	Ferrum-Anteil im Körper 4–5 g, davon 3/4 im Blut	
	Ferrum (Eisen) hat eine überaus lebenswichtige Rolle Aktivierung des Sauerstoffs Sauerstoffaufnahme – roter Blutfarbstoff (Hämoglobin)	Kinderkrankheiten Anämische Zustände Rot-bläuliche Gesichtsfarbe Blutungen Quetschungen Gelenkverstauchungen
	Ferrum (Eisen) ist in allen Zellen zu finden	
	Ferrum (Eisen) wichtig für verschiedene enzymatische Abläufe und Prozesse Sauerstoffaufnahme – roter Blutfarbstoff (Hämoglobin)	Körperliche Überanstrengung Durchblutungsstörungen mit rheumatischen Erscheinungen Gastritis Durchfälle
	Immunsystem und Eisen stehen in enger Wechselwirkung Allgemeine Infektabwehr	Entzündliche Erkrankungen Fieberhafte Erkrankungen (entzündlich) im Anfangsstadium Erschlaffung der Adern und des Darms Abwehr krankhafter Reize

Nr. 3:

Ferrum phosphoricum D12
Eisenphosphat FePo₄ · 4H₂O

Ein gesunder Mensch hat in seinem Körper etwa 3 gr. Eisen. Der grösste Teil kommt in den roten Blutkörperchen, den Erythrozyten, vor. Seine Funktion ist vornehmlich katalytischer Art. Es sorgt für die Sauerstoffübertragung, d.h. Aufnahme in der Lunge und Abgabe in die Zellen.

Nach Professor Warburg ist es aber auch in die Zellen eingelagert und dient dort zur Aktivierung des Sauerstoffes. Erst dadurch ist der Sauerstoff in der Lage, die organischen Nährstoffe zu verbrennen und dadurch Kraft, Energie und Wärme zu erzeugen. Eisen ist somit für lebenswichtige Abläufe unentbehrlich.

Nebst den oben beschriebenen Funktionen hat Ferrum phosphoricum des weitern die Aufgabe, die Kontraktion der Muskeln zu ermöglichen. Magnesium phosphoricum ist sein Antagonist: Es ermöglicht dem Muskel, sich zu entspannen. Krankhafte Reize verbrauchen als erstes Ferrum phosphoricum. Daraus lässt sich folgern, dass dieses Salz als erstes zu mangeln beginnt. Bei akuten Fiebern ist der Eisenphosphatgehalt des Harns stets grösser als normal (intensivere Gelbfärbung des Harns).

Alle akuten Krankheiten benötigen zu Beginn vermehrt Ferrum phosphoricum. Wird das Eisen nicht genügend ersetzt, erschlaffen die betroffenen Zellen. Trifft dies die Ringmuskeln der Blutgefässe, so erweitern sich diese, werden schlaff, das Volumen wird grösser, was heisst, dass das Herz mehr leisten muss, um den Druck aufrecht zu erhalten. Dies führt zu Hyperämie (Blutfülle), die mit einer Temperaturerhöhung einhergeht. Ist die Hyperämie lokal begrenzt, spricht man von einer Entzündung, betrifft es den ganzen Organismus, so bezeichnet man dies als Fieber. Nur eine Wiederherstellung der benötigten minimalen Ferrum phosphoricum-Menge kann das normale Spannungsverhältnis in den Ringmuskeln wieder herstellen. Die Ringmuskeln können sich wieder auf ihr natürliches Mass zusammenziehen; das Adervolumen normalisiert sich. Die Hyperämie verschwindet und damit auch Entzündung und Fieber.

Entzündungen und Fieber sind natürliche Bestrebungen zur Heilung. Wird Ferrum phosphoricum eingenommen, wird dieser Gesundungsprozess erheblich unterstützt und verstärkt. Erkältungen wie Infektionen können Fieber verursachen. Ferrum phosphoricum grenzt Entzündungsherde ein und fördert Schweissausbrüche, die einen Fieberrückgang bewirken.

Sind den Muskelzellen der Darmzotten Eisenmoleküle verloren gegangen, werden sie funktionsuntüchtig, es entsteht Durchfall. Betrifft es die Zellen der Darmwand, so verlangsamt sich die peristaltische Bewegung des Darms, was eine Erweiterung des Darms und damit Darmträgheit zur Folge hat. Darmverkrampfung im Gegensatz ist auf Magnesium phosphoricum-Mangel zurückzuführen.

Ferrum phosphoricum trägt zur Stillung von Blutungen bei, aber auch zur Rückführung bei inneren Blutungen wie z.b. Schlaganfall.

Jedes erste Anzeichen einer akuten Erkrankung wie Schnupfen, Heuschnupfen, Heiserkeit, Husten, Halsweh, Kopfweh, Fieber, Zerschlagenheit, Leibschmerzen, Durchfall und etwelche Entzündungsformen weisen auf Ferrum phosphoricum-Mangel hin.

Innere wie äussere Verletzungen, innere Blutungen, Quetschungen, Knochenbrüche und Verstauchungen bewirken ein Ferrum phosphoricum-Defizit. Entzündungsschmerzen können mittels Ferrum phosphoricum gemildert werden.

Wesentlich zu wissen ist: Durch die Einnahme von Ferrum phosphoricum bei ersten Anzeichen von Infektions- und Entzündungskrankheiten kann oft einer langwierigen Erkrankung entgegengewirkt werden. Ferrum phosphoricum ist somit auch ein hervorragendes Mittel zur Vorbeugung. Ferrum phosphoricum ist bei ersten Krankheitsanzeichen oft einzunehmen: 1 Stunde lang alle 5 Minuten vier Tabletten, danach reduzieren auf mehrere Einnahmen im Verlaufe des Tages.

Mangel an Ferrum phosphoricum zeigt sich oft in einer kräftig roten Gesichtsfarbe, die leicht ins Bläuliche geht.

Nr. 4: Kalium chloratum D6

Kalium chloratum D6	Funktion	Anwendung
KCL Kaliumchlorid	Kalium: Bestandteil der Erytrozyten (rote Blutkörperchen)	
	Steht in enger Beziehung zu den Schleimhäuten sowie Häuten und der Gelenkschmiere	Katarrh Ohren-Augen-Halserkrankungen Lungen- und fibröse Rippenfellentzündung Bronchitis
	Kalium bewirkt eine neuro-muskuläre Erregbarkeit, wirkt also als Erreger auf Nerven und Muskeln Tonus (Spannung)	verdünnt (normalisiert) Gelenkschmiere Gelenkleiden Arthrosis deformans Rheumatismus Sehnenscheidenentzündung Frostbeulen Verbrennungen
	Kalium erfüllt eine wichtige Rolle in der Eiweissynthese (Aufbau der Eiweisse) sowie im Stoffwechsel d.h. der Kohlenhydratumsetzung	Weiss bis grauer Zungenbelag Impfbeschwerden
	Kaliummangel hat Veränderungen in verschiedenen Geweben zur Folge Skelettmuskulatur – Herzmuskel	

43

Nr. 4:

Kalium chloratum D6
Kalichlorid KCL

Kalium chloratum ist ein in Wasser leicht lösliches Salz. Es kommt so ziemlich in allen Zellen des Menschen vor. Die Gesamtmenge liegt bei etwa 100 gr.

Zwischen Faserstoff, dem Schleimhautstoff Muzin, den serösen Häuten sowie der Gelenkschmiere und dem Kalium chloratum besteht ein enger Zusammenhang. Tritt Kalium chloratum-Knappheit auf, führt dies zu einer krankhaften Ausscheidung von Faser- und Schleimstoff, und die Gelenkschmiere verdickt sich.

Das Indiz für Mangelerscheinung ist vermehrtes Ausscheiden von dünnem, hellem Schleim, der dann im späteren Stadium zäh und gallertartig werden kann. Eine Verminderung tritt vor allem bei Entzündungen ein, die sich im weiteren Verlauf zum Katarrh entwickeln. Ein weiteres Merkmal ist ein weisser bis grauer Zungenbelag sowie Bläschenbildung unter der Haut, oft Hinweis auf den zweiten Grad der Entzündung.

Innere Entzündungen können in zwei unterschiedliche Stadien eingeteilt werden – den trockenen und den nassen Zustand, z.B. die trockene und nasse Brustfellentzündung. Bei entzündlicher Form der unterschiedlichen Häute können beide Formen auftreten. So bei Bauchfell- und Rippenfellentzündung, aber auch bei Hirnhaut- wie Nervenscheidenentzündungen, um nur ein paar zu nennen.

Kalium chloratum, zum richtigen Zeitpunkt eingenommen, beugt vor allem dem zweiten Stadium vor und sorgt für die Resorption der faserstoffhaltigen Ausscheidung.

Kalium chloratum hat zudem wie oben aufgeführt die Eigenschaft, verdickte Gelenkschmiere wieder flüssig zu machen, d.h. sie wieder auf die ursprüngliche Viskosität zu verflüssigen, was schweren Gelenkleiden wie Arthrosis deformans entgegenwirken kann.

Nr. 5: Kalium phosphoricum D6

Kalium phosphoricum D6	Funktion	Anwendung
KH$_2$PO$_4$	Fördert und erhält die Lebenskraft der Zellen	Fördert Lebenskraft der Zellen
Kaliumphosphat	Bedeutendstes anorganisches Salz der Zellen	Nervosität, Depression, nerv. Erschöpfungszustände, Hysterie, nerv.
	Überaus wichtig für Gehirn- und Nerven-Zellen (Neurosystem) sowie Blutzellen	Schlafstörungen, Gedächtnisschwäche Missmut, Ängstlichkeit, Platzangst, Heimweh, Argwohn, Hypochondrie, Weinerlichkeit
	Kalium phosphoricum ist zudem von grosser Notwendigkeit für das sympathische Nervensystem	
	Eine wichtige Funktion hält es inne in bezug zur Blutflüssigkeit, den roten Blutkörperchen und dem Gewebe	Bei Blutungen, Kräftezerfall, bei Infektionskrankeiten, faulen und brandigen Zuständen mit übelriechenden Absonderungen
	Es kommt vor in den Muskelzellen des Herzens	Bei Muskelschwächen, Kreuzschmerzen, Herzbeschwerden nervöser Art, zur Unterstützung organischer Herzleiden
	Kalium phosphoricum ist Voraussetzung für die Erhaltung und Neubildung der Zellen	Biochemisches Funktionsmittel bei akuten und chronischen Erkrankungen sowie Erschöpfungszuständen, gegen virulente Krankheitserreger

Nr. 5:

Kalium phosphoricum D6
Saures Kaliumphosphat –
Kaliumbiphosphat $KH_2 PO_4$

Für Jugendliche Kalium phosphoricum.

Kalium phosphoricum ist essentiell für die Lebenskraft der Zellen. Es ist in allen Zellen enthalten. Die im Menschen vorkommende Gesamtmenge ist etwa 120 gr.

Keine Zelle ohne Zellkern – kein Zellkern ohne Kalium phosphoricum. Grössere Anteile sind im Nervensystem wie in der Muskulatur, vornehmlichst der Herzmuskulatur, zu finden. Kalium phosphoricum ist unentbehrlich für die Erhaltung und Neubildung von Zellen.

Besonders in der heutigen nervenaufreibenden Zeit ist Kalium phosphoricum ein hervorragendes Nährsalz und Mittel zur Stärkung auch gegen Nervosität und aller damit verbundenen Erscheinungsbilder.

Mangelerscheinungen bei Kalium phosphoricum äussern sich zum einen in den verschiedensten depressiven Formen, zum andern in Missmut, Ängstlichkeit, Platzangst, Argwohn sowie Gedächtnisschwäche, Hypochondrie und Weinerlichkeit.

Nimmt der Mangel einen Wert ein, so dass das Herz, respektive die Herzmuskulatur in ihrer Funktionstüchtigkeit beeinträchtigt ist, so werden dadurch alle Organe ungenügend mit Blut versorgt, was zu weiteren funktionalen Störungen führen kann. Wird dieses Defizit behoben durch Einnahme von Kalium phosphoricum, verschwinden die Störungen.

Zellen, die unter Kalium phosphoricum-Mangel leiden, können bis zur Lähmung erschlaffen oder gar zerfallen. Der Zerfall kann ein Ausmass annehmen, dass der Organismus nicht mehr in der Lage ist, die Zerfallsprodukte in genügender Weise abzutransportieren. Dies hat dann zur Folge, dass ein Teil dieser Stoffe anfängt, sich im Körper zu zersetzen und dadurch stark stinkend macht, was sich in übelreichenden Abgängen (Schweissabsonderung, Kot, übelriechender Atem, stinkender Stuhl) äussert. Solche Merkmale sind meist auf Kalium phosphoricum-Mangel zurückzuführen. Auch Autointoxikationen wie Sepsis stehen meist in Verbindung mit einem Mangel an Kalium phosphoricum. In solchen Fällen sollte Kalium phosphoricum in grösseren Dosen eingenommen werden.

Tabakgenuss (bez. bei Tabakmissbrauch) verbraucht relativ viel Kalium phosphoricum. Sorgen, Missmut, Hass, Geiz und Neid, also negativ ausgerichtete emotionale Empfindungen und Äusserungen sind wahre Kalium phosphoricum-Fresser. Nicht selten sind diese seelisch negativen Denkprozesse, Gedankenabläufe und Grübeleien Ursache von schweren Krankheiten, die primär Kalium phosphoricum benötigen. Eine wohlwollend ausgerichtete, von innerer Zufriedenheit und Freude geprägte Lebensauffassung schont den Verschleiss dieses wichtigen Nährsalzes.

Bei grossem Mangel an Kalium phosphoricum nimmt das Gesicht (vor allem Kinn und Hals) eine aschgraue Färbung an. «Bleich vor Schrecken (Bleichsucht)» heisst es im Volksmund. Angst vor diesem, Angst vor jenem macht erst recht empfänglich für das, wovor man Angst hat. Die Erklärung dafür: Angst verbraucht sehr viel Kalium phosphoricum.

Ist genügend Kalium phosphoricum sowohl im Blut wie in den Körpersäften vorhanden, ist der Nährboden, auf dem sich virulente Krankheitserreger ansiedeln könnten, entzogen (eine Ausnahme macht Tuberkulose).

Schlaflosigkeit ohne ersichtlichen Grund kann ebenfalls ihre Ursache im Mangel von Kalium phosphoricum haben.

Die Empfindungsnerven (sensitive Nerven) reagieren auf Kalium phosphoricum-Mangel mit Schmerzen und Lähmungsempfindungen, die motorischen Nerven mit Muskel- und Nervenschwäche bis hin zu Lähmungen. Dauert der Zustand über längere Zeit, kann Muskelschwund eintreten.

Ein grosser Mangel an Kalium phosphoricum kann durch länger andauerndes Fieber um und über 39°C, wo auch Schweissausbrüche keine Senkung der Temperatur bewirken, entstehen.

In Fällen, wo der Organisamus zusammenzubrechen droht, also bei sichtlichem Kräftezerfall und damit Lebensgefahr, erweist sich Kalium phosphoricum in öfterer Einnahme geradezu als Lebensretter. Dies speziell in Zeiten schwerer Infektionskrankheiten. In solchen Fällen empfiehlt es sich, Kalium phosphoricum gelöst in wenig Wasser einzunehmen.

Nr. 6: Kalium sulfuricum D6

Kalium sulfuricum D6	Funktion	Anwendung
K_2SO_4 Kaliumsulfat	Fördert den Stoffwechsel	Bei allen Krankheiten, die nicht richtig zum Ausbruch kommen wollen
	Dient zusammen mit Eisen zur Sauerstoffübertragung	Bei Sauerstoffmangel, Mattigkeit, Schwindel, Herzklopfen, Bangigkeit, Kopf- und Gliederschmerzen
	Aktivierung des Zellstoffwechsels	
	Es befindet sich in den Oberhaut- und den Epithelzellen von Haut und Schleimhäuten	Bei Entzündungen, Hautleiden mit Abschuppung, chronischen Schleimhautkatarrhen, Nase-Ohren-Hals-Magen-Darm-Katarrh, Leber und Nierenentzündung, Gelenkschmerzen, Fördert Ausscheidung und Entgiftung Bei bräunlichen Hautflecken (Hals, Unterkiefer, Ohr)

Nr. 6:

Kalium sulfuricum D6
Kalisulfat – Schwefelsaures Kali $K_2 SO_4$

So wie die beiden anderen Kalisalze ist auch dieses in etwa derselben Menge im Körper des Menschen enthalten.

Zusammen mit dem Eisen besteht seine Aufgabe vornehmlich darin, die Sauerstoffübertragung in den Zellen des gesamten Körpers zu gewährleisten. Kalium sulfuricum belebt und fördert damit den Stoffwechsel.

Ungenügendes Vorkommen dieses Salzes in unserem Körper bewirkt, wie Dr. Schüssler feststellte, Mattigkeit, Schwindel, Herzklopfen, Bangigkeit, Kopf- und Gliederschmerzen; Beschwerden, die oft an frischer Luft sich vermindern, hingegen in geschlossenen warmen Räumen sich verschlimmern. Drang nach frischer Luft kann ein Hinweis sein auf einen Mangel von Kalium sulfuricum.

Mangelnde Sauerstoffzufuhr aufgrund von unzureichendem Kalium sulfuricum hat zur Folge, dass sich die Oberhaut abschuppt, ähnlich wie im Endstadium von Masern, Röteln und Scharlach.

Gelbbräunlich-schleimiger Belag der Schleimhäute weist ebenfalls auf einen Mangel dieses Salzes hin. Bei Husten und Bronchialasthma handelt es sich um einen gelbbräunlichen Auswurf.

Weitere Indizien von Kalium sulfuricum-Mangel sind bräunliche Hautflecken, die sich vor allem an Hals und Unterkiefer sowie unterhalb der Ohren bilden.

Bei einem Kalium sulfuricum-Mangel sind nebst Kalium sulfuricum-Einnahme Tiefenatmungen empfohlen; am besten 3 x täglich etwa 5 Minuten.

Nr. 7: Magnesium phosphoricum D6

Magnesium phosphoricum D6	Funktion	Anwendung
MgHPO$_4$ · 3H$_2$O Magnesium-phosphat	Magnesium steht neben Kalium an 2. Stelle unter den Mineralstoffen in unserem Organismus	
	Bestandteil der Knochen, Knorpel, Zähne, des Muskelsystems, von Nerven, Gehirn, Rückenmark, roten Blutkörperchen, Leber, Schilddrüse	Bei Zahnungsschwierigkeiten und Krampfhusten kleiner Kinder Bei wässerigem, von Leibschmerzen begleitetem Durchfall
	Es wirkt antithrombotisch antiallergisch	
	Es ist an enzymatischen Prozessen beteiligt	
	Trägt bei zur neuromuskulären Erregbarkeit (Herzfunktion)	Löst Krämpfe Ist schmerzstillend Wirkt entspannend besonders der Arterien, den Haarblutgefässen, sorgt für gute Durchblutung Gegen Engbrüstigkeit und Angstgefühle Hilft bei Neuralgien, sowie bei Neigung zu Migräne Bei kolikartigen Zuständen und Blähungsbeschwerden
	Es senkt den Cholesterinspiegel im Blut	

51

Magnesium phosphoricum D6
Magnesiumphosphat – phosphorsaures
Magnesium $MgHPO_4 \cdot 3H_2O$

Der menschliche Körper enthält etwa 250 gr. Magnesiumphosphat. Der grösste Teil dieses Nährsalzes ist ungelöst, ausgeschieden als Bestandteil der Knochen, Knorpel und Zähne. Der wesentlich kleinere gelöste Teil findet sich in allen Zellen, besonders aber in den Blutkörperchen, den Muskeln, im Gehirn, im Rückenmark sowie den Nerven- und Drüsengeweben.

Magnesium phosphoricum vermittelt den Zellen die eigendynamische rhythmische Bewegung. Die eigendynamische Bewegung der Zellen ist nötig, damit verbrauchtes Zellmaterial abgestossen werden kann. Man spricht z.B. bei Lymphknoten-Geschwülsten und bei Tuberkulose von verhärteter Masse und meint damit das zuvor erwähnte verbrauchte Zellmaterial. Doch auch andere Geschwülste, wie z.b. Krebs, können einen Magnesium phosphoricum-Mangel bewirken und damit die Einschränkung des eigendynamischen Prozesses der Zellen, was zu weiterer Entartung der Zellen führen kann.

Schmerzen, die aufgrund von Magnesium phosphoricum-Mangel auftreten, charakterisieren sich durch blitzartig einschiessende oder bohrende Erscheinungsformen. Auch krampfartige Formen sind nicht selten. Ungewöhnlich ist auch nicht, wenn diese Schmerzen wandern, also mal hier und dann wieder dort auftreten.

Magnesium phosphoricum gilt als gutes schmerzstillendes Mittel. Magnesium phosphoricum ist krampflösend; es entspannt, z.B. im Gegensatz zu Ferrum phosphoricum, welches auf die Muskeln der Glieder sowie auf Gefäss-Ringmuskeln zusammenziehend wirkt.

Betrifft es die Arterien und besonders deren Bluthaargefässe in Organen oder der Haut, die sich verkrampfen, so ist dies immer mit einer schlechten Durchblutung verbunden. Dies wiederum führt zu einer mangelhaften, ungenügenden Ernährung der betroffenen Regionen, was beim Hirn sich mit Schwindelgefühlen bemerkbar macht, bei der Haut durch kalte Blässe, bei den Gliedern durch kalte Hände und

Füsse. Handelt es sich um das Herz, so ist dies meist mit Angstgefühlen und Engbrüstigkeit (Angina pectoris) verbunden.

Magnesium phosphoricum ist somit das Heilmittel bei Krampfzuständen verschiedenster Genese. Oder anders ausgedrückt: Krampfzustände stehen oft in Verbindung mit einem Mangel an Magnesium phosphoricum. Dazu gehört auch die sehr schmerzhafte und langwierige Migräne, meist als hemikranialer, d.h. einseitiger Kopfschmerz beginnend. Migränen werden durch Krampfzustände ausgelöst. Ein weiteres Anzeichen für Magnesium phosphoricum-Mangel ist Zittern.

Magnesium phosphoricum beruhigt die Nerven. Eingenommen wird es am besten als heisse Lösung (heisse Sieben, 5–10 Tabletten in 1–2 Esslöffel kochendem Wasser auflösen). Heisse Lösung langsam schlürfen.

Nr. 8: Natrium chloratum D6

Natrium chloratum D6	Funktion	Anwendung
NaCL Natriumchlorid	Das wichtigste unter den Natronsalzen, die unser Organismus benötigt lebensnotwendig	
	Befindet sich etwa zur Hälfte in der extrazellulären Flüssigkeit	
	Recht hohe intrazelluläre Natrium-Konzentration in Magen und Niere	Verstopfung Magen-Darm-Katarrh (wässriger Durchfall) Hämorrhoiden Mangel an Magensäure
	Regulierend bezüglich Wasserhaushalt, osmotischen Druck und Säure-Basen-Gleichgewicht	
	Gewährleistet die Erregbarkeit von Nerven u. Muskeln (Natrium-Kalium-Pumpe)	Migräne, Neurasthenie Hysterie Antriebsschwäche Taubheit und Kribbeln in den Extremitäten Nässende Hautausschläge
	Bestimmend für die Grösse des aufbauenden Teils des Stoffwechsels; Ernährung, Wachstum und Vermehrung der Zellen	Abmagerung Appetitlosigkeit dünner, wässriger Speichel
	Vorhanden in Knochen und Knorpelgewebe fördert Bildung von roten Blutkörperchen	Blutarmut Bleichsucht Schleimhaut-Katarrh

Nr. 8:

Natrium chloratum D6 (Natrium muriaticum, Natrium mur.)

Kochsalz – Natriumchlorid NaCL

Der Mensch ist das einzige Lebewesen auf diesem Planeten, das aus den etwa 15 lebensnotwendigen Salzen eines als Genussmittel verwendet, nämlich das Kochsalz.

Natrium chloratum ist sowohl im Blut wie im Innern aller Zellen vorhanden. Seine Fähigkeit, Wasser anzuziehen, ermöglicht es den Zellen, Nährflüssigkeit aufzunehmen.

Natrium chloratum ist ein unentbehrliches Nährsalz; es hat grossen Einfluss auf den anabolen (aufbauenden) Bereich des Stoffwechsels sowie auf die Ernährung der Zellen, deren Wachstum und Vermehrung.

Abmagern sowie ungenügendes Wachstum bei Kindern, verbunden mit Appetitlosigkeit, Unlust, Mattigkeit und Unaufmerksamkeit steht oft in Beziehung mit ungenügendem Ersatz für die verbrauchten Zellen. Dies wiederum kann ein deutlicher Hinweis sein für Natrium chloratum-Mangel. Mitunter gehört hierzu auch die Blutarmut.

Zuviel Natrium chloratum innerhalb der Zelle hingegen führt zu einer krankhaften Steigerung der Flüssigkeitsaufnahme. Dadurch kann die Zelle – so Dr. Schüssler – Natrium chloratum nur in sehr verdünnter Lösung aufnehmen. Kochsalz, das oft in grösseren Mengen eingenommen wird (sehr salzige Speisen), kann nicht aufgenommen werden, sondern stört vielmehr den gesunden Stoffwechsel.

Die Zellen müssen sich bei hohen Kochsalzlösungen dadurch wehren, dass sie Zellflüssigkeit in die Zwischenzellräume ergiessen, welche mit zu stark salzhaltigem Blut gefüllt wurden. Dadurch verlieren sie nebst Zellflüssigkeit auch noch Natrium chloratum sowie auch andere wichtige und lebensnotwendige Nährsalze.

Es verhält sich somit gerade konträr: Statt dass die Zelle Natrium chloratum aufnehmen könnte, verliert sie noch an diesem lebenswichtigen Salz. Durch die natürliche Abwehrreaktion der Zelle, wie zuvor schon beschrieben, bei dem sie Zellflüssigkeit samt Natrium chloratum ausschüttet, erfährt sie also einen Flüssigkeits- und Nährsalzverlust und dadurch entstehen verdickte Säfte und verdicktes Blut. Dies gibt uns der Körper durch Durst zu erkennen, vor allem nach einer salzigen Speise.

Zuviel Kochsalz ist ausserdem eine Belastung für die Nieren und die Haut. Wird ständig zuviel Kochsalz konsumiert, so hat der Körper oft keine andere Wahl als dem Überschuss von Kochsalz Ausscheidungswege zu öffnen in Form von Katarrhen, Ekzemen, offenen Beinen etc. Oft sind diese Ausscheidungsmöglichkeiten mit ätzendem Beissen verbunden, bekannt durch den Ausdruck «Salzbeissen».

Wird über längere Zeit stets stark gesalzene Nahrung konsumiert, kann dies zur Schädigung der Gesundheit führen. Zu dickes Blut, hoher Blutdruck und Arterienverkalkung. Zuviel Kochsalz im Blut bewirkt zudem eine kristalline Ausscheidung der Harnsäure, d.h. diese entzieht sich der Ausscheidung durch die Nieren. Die Folge davon ist dann Gelenk- und Muskelrheuma (Gicht).

Verdicktes Blut zwingt Leber und Nieren, aber auch andere Drüsen zu konzentrierter Absonderung, z.B. Galle und Harn, was zu Gries und Steinen in der Gallenblase, den Nieren und der Harnblase führen kann. In den Gelenken wird eine verdickte Gelenkschmiere ausgeschieden, was dann mitunter durch schwere Gelenkleiden zum Ausdruck kommt. Des weiteren belastet es das Herz, das mit starkem Druck zu arbeiten hat.

Ein weiteres Problem: Der Körper muss zur notwendigen Blutverdünnung dem Dickdarm mehr Wasser entziehen als zuträglich ist, was sich durch Verstopfung zu erkennen gibt. Dies wiederum bewirkt eine Verschlackung des Blutes mit Stoffen aus dem rasch faulig und brandig werdenden Darminhalt. Das Resultat draus: leichte Anfälligkeit und wenig Widerstandskraft gegen Krankheiten.

Unerklärliches Abmagern und Mangel an Magensäure kann seinen Grund in übermässigem Kochsalzgenuss haben. Letzteres kann zu

Magenkatarrh mit alkalischem Schleim Anlass geben, einem Vorwarner von Krebsbildung. Durch Vermeiden von zu starkem Kochsalzgenuss und täglich öfterer Einnahme von Natrium chloratum D6 über längere Zeit erlangt der Magen wieder die Fähigkeit, normale Mengen von Säure abzugeben.

Mangel an Natrium chloratum hat nebst den bisher beschriebenen Formen noch weitere die Gesundheit beeinträchtigende Auswirkungen. So z.b. wässerige Ergüsse und Ausscheidungen, die oft sehr ätzend sein können. Darunter fallen Tränenfluss, wässeriger Speichelfluss, Erbrechen von Wasser, wässerige Diarrhöe, ätzender Harn und Schweiss, Hautbläschen mit hellem Inhalt. Auch die zu starke Ausscheidung von Wasser (Körperflüssigkeit) trocknet die Schleimhäute und die Haut aus. Wie schon an anderer Stelle erwähnt, kann dies zu Verstopfung führen mit erschwertem Stuhl und brennenden Schmerzen im Darm.

Wirkt sich die Austrocknung auf die Kopfhaut aus, bilden sich Schuppen, betrifft es die Augen, so beginnen sie zu jucken und zu brennen, und man hat das Gefühl, Sand in den Augen zu haben. Mitunter treten Lichtscheuheit und Sehschwäche auf.

Natrium chloratum-Mangel kann auch schlafstörend sein. Meist zeigt sich dies als Einschlafstörung oder als unruhiger Schlaf.

Menschen, die an chronischem Natrium chloratum-Mangel leiden, klagen oft über ein Kältegefühl, kalte Hände und Füsse, oder auch über eine Kälteempfindung der Wirbelsäule entlang.

Fieberblasen an den Lippen sind vielfach auch auf Mangel an Kochsalz zurückzuführen, besonders wenn der Inhalt wässerig-klar ist.

Natrium chloratum zieht Wasser an, wie eingangs schon erwähnt. Aus diesem Grunde kann bei zuviel Natrium chloratum Aufgedunsenheit entstehen, was meist im Gesicht augenfällig wird (schwammig). Die Wasserabsorbierung kann soweit fortschreiten, dass starke Schwellungen bis hin zu Wassersucht auftreten können. Tritt das letztere auf, hilft nur noch eine Diät ohne Kochsalz und andere Salze oder Surrogate, da auch diese die Nieren belasten.

Zuviel Kochsalzaufnahme ist schädigender als wenn zuwenig aufgenommen wird. Sowohl das eine wie das andere führt aber zu Mangelerscheinungen. Im allgemeinen aber wird eher zuviel Kochsalz verwendet. Die Regel ist etwa 5 gr. pro Tag pro Person. Meistens werden aber 15 bis 25 gr. täglich konsumiert.

Nr. 9: Natrium phosphoricum D6

Natrium phosphoricum D6	Funktion	Anwendung
$Na_2HPO_4 \cdot 12H_2O$ Natriumphosphat	Befindet sich in den Blutkörperchen, Muskeln, Nerven, Gehirnzellen, Bindegewebe Besonders häufig in der intrazellulären Flüssigkeit zu finden	Bewährtes Neutralisationsmittel bei überschüssiger Säure
		Reguliert den Säurehaushalt der Körpersäfte
	Als alkalisches Salz bindet es Säure	Mangel bei chronischen Krankheiten, besonders harnsaurer Diathese, saurem Aufstossen, Salzsäureüberschuss, Sodbrennen, saurem Erbrechen, Gährungsstühlen mit Leibschmerzen, Rheuma, Gicht, Blasenkatarrh, Magenentzündung mit saurem Aufstossen, Gallen- und Nierensteinen, Mandel-Rachen-Katarrh, Augenentzündungen, fettiger Haut, Mitessern, Hautausschlag
	Spielt eine wichtige Rolle im Kohlensäureaustausch des Blutes – Pufferung	
	Begünstigt den Stoffwechsel der Milchsäure, die bei Muskelarbeit aus Glykogen gebildet wird (Muskelkater bei ungenügendem Abbau der Milchsäure) Hilft bei der Eliminierung von Stoffwechselprodukten	

Natrium phosphoricum D6
Natriumphosphat – phosphorsaures Natron
$Na_2HPO_4 \cdot 12\,H_2O$

Natrium phosphoricum findet man in den Blutkörperchen, den Muskel-, Nerven- und Hirnzellen. Besonders stark vertreten ist es in der Zwischenzellflüssigkeit und im Blut.

Natrium phosphoricum steht in direktem Zusammenhang mit dem Stoffwechsel. Es ist ein alkalisches Salz und hat dadurch die Fähigkeit, Säure zu binden.

Sauerstoff, der zu den Zellen transportiert wird, verbrennt dort Kohlenstoff (Nahrung) sowie Zellsubstanz, was Energie und Wärme erzeugt. Dabei entstehen Wasser, Kohlensäure und andere Stoffwechsel-Endprodukte, die meist saurer Natur sind wie z.b. Harnsäure. Die Kohlensäure bildet den Hauptteil der Säuren, die bei diesem Verbrennungsvorgang anfallen. Sie wird durch das Natrium im Blut gebunden und gelangt so über den Kreislauf in die Lungen, von wo sie dann ausgeschieden wird.

Natrium phosphoricum-Mangel hat seine Ausdrucksform hauptsächlich bei chronischen Leiden mit harnsaurer Diathese. Aber auch bei skrofulösen Drüsenkrankheiten ist eine Substituierung von Natrium phosphoricum angebracht und kann rasch eine Besserung bewirken.

Fettige Haut sowie Mitesser sind oft ein Hinweis auf Natrium phosphoricum-Mangel. Ebenso der Milchschorf bei Kleinkindern. Saures Aufstossen, Erbrechen von sauren, käsigen Massen, sogenannt gehackte Durchfälle zum Teil mit Bauchschmerzen und Krämpfen sind ebenfalls Indiz für Natrium phosphoricum-Mangel.

Natrium phosphoricum hilft, Fettsäure im Darm zu verseifen, so dass sie von den Zellen der Darmwand aufgenommen werden kann. Daraus lässt sich ableiten, dass Beschwerden, die durch zu übermässigen Fettgenuss entstanden sind, geheilt werden können oder sich zumindest nicht mehr verschlimmern.

Natrium phosphoricum reguliert den Säurehaushalt der Körpersäfte und ist so ein Antagonist harnsaurer Diathese (Rheumatismus, Gicht, Podagra).

Erfahrungsgemäss folgen auf Perioden starker Übersäuerung, verursacht durch einseitige säurebildende Nahrung, Perioden starker Überalkalität. Diese Wechselwirkung ist der natürlichen Abwehr des Körpers zuzuschreiben. Diese Reaktion aber hat wieder zur Folge, dass dadurch andere lebenswichtige Nährsalze sowohl im Blut wie in den Körpersäften zurückgedrängt werden. Dabei handelt es sich vor allem um die Kieselsäure und Salze der schwach alkalischen Erden, Magnesia und das saure Kaliphosphat. Diese werden durch die Natron-Überalkalität propotional vermindert, was wieder Störanfälligkeiten auslösen kann. Dadurch kann unter anderem die Bildung von Salzsäure im Magen beeinträchtigt werden, was die Verdauung verlangsamt und besonders die Verdauung von Eiweiss und Fett einschränkt.

Nach neuerer Forschung schafft eine Blutbeschaffenheit, die hin und her schwankt zwischen zu sauer oder zu alkalisch, den Nährboden für ein mögliches Wachstum von Krebs.

Nr. 10: Natrium sulfuricum D6

Natrium sulfuricum D6	Funktion	Anwendung
Na$_2$SO$_4$ Natriumsulfat	Entwässert den Körper, sorgt dafür, dass Stoffwechsel- schlacken ausgeschie- den werden können	
	Reguliert den Wasser- haushalt des Blutes (auch die Absonde- rung der grossen Drüsen, Leber, Pankreas, Nieren)	Bei Leberstörungen, Gallen-, Nieren- und Blasen-Erkrankungen, Blähungen, Magen- Darm-Katarrh, bei Hydrämie, Oedemen, Influenza, unwillkürlichem Harn- abgang und Bettnässen
	Regt den Gallen- fluss an	
	Sorgt im weitesten Sinne für die Entgif- tung des Organismus	Hautausschläge, Flechten, Unterschenkelge- schwüre (nässend) Grippale Infekte Rheumatische Formen

Nr. 10:

Natrium sulfuricum D6
Glaubersalz, Natriumsulfat –
Schwefelsaures Natron $Na_2 SO_4$

Dr. Schüssler äusserte sich folgendermassen über die Entstehung schwefelsaurer Salze, die der Organismus als Nährsalze dringend braucht: «Die bei der Oxidation der Eiweisskörper entstehende Schwefelsäure würde die Gewebe zerstören, wenn sie nicht im Zustand des Werdens mit Basen kohlensaurer Alkalien (Kali und Natron), unter Ausscheidung von Kohlensäure, sich verbänden.»

Funktion und Wirkung des Natrium sulfuricum ist dem des Natrium chloratum entgegengesetzt. Natrium chloratum zieht Nährflüssigkeit in die Zellen hinein – es ist ein Aufbausalz. Natrium sulfuricum macht genau das Gegenteil: Es zieht die verbrauchten Säfte aus der Zelle heraus und entwässert ausgediente Zellen wie z.B. Leukozyten (weisse Blutkörperchen). Natrium sulfuricum ist somit ein Abbausalz. Beide aber sind lebensnotwendig.

Natrium sulfuricum reguliert den Wassergehalt des Blutes. Weiter ist es für die Absonderung der Drüsen wie Leber, Galle, Pankreas, Nieren usw. zuständig.

Mangelt es an Natrium sulfuricum, scheiden die grossen Drüsen in der Regel zu wenig ab, wodurch Stauungen im Blut- und Lymphkreislauf entstehen können sowie Blähungen im Magen-Darmkanal. Korpulente und fettsüchtige Menschen haben oft einen Mangel an diesem Nährsalz.

Folgende Störungen sind ein Hinweis auf Natrium sulfuricum-Mangel: Hydrämie, Oedeme (wassersüchtige Schwellungen), Bläschen auf der Haut, nässende Flechten, Katarrhe mit gelbgrünen und grünlichen Absonderungen, Gallenfieber, Gelbsucht, ungenügende Gallenabsonderung, Diabetes, Influenza, Stauungen sowie Blähungen, zudem unwillkürlicher Harnabgang und Bettnässen.

Natrium sulfuricum-Mangel ist auch indiziert bei Empfindlichkeit der Leber und der Milz, zum einen beim Abtasten, zum anderen bei stichartigen Schmerzen in diesen Organen. Dasselbe gilt bei Blasenkatarrh mit schmerzender Blase, Schmerzen, welche stechend oder brennend sein können.

Äusserliche Merkmale bei zuwenig Natrium sulfuricum sind gelbliche Flecken im Gesicht und ein gelbliches Augenweiss.

Ausserdem: Bei Personen, die einen Mangel an diesem Salz aufweisen, verschlimmert sich das Befinden bei Föhn, neblig feuchtem Wetter sowie in dumpfen Wohnungen. Das Befinden verbessert sich unter entgegengesetzten Bedingungen.

Bei Beginn von Infektionskrankheiten stellt sich oft ein Gefühl von Zerschlagenheit ein, besonders vor Einsetzen des Fiebers. Dies ist ein sicheres Zeichen für ein Natrium sulfuricum-Defizit. Dieser Zustand leitet dann oft die Grippe ein.

Nr. 11: Silicea D12

Silicea	Funktion	Anwendung
D12		
SiO_2-H_2O Kieselsäure	Hauptsächlich abgelagert in Knochen und Zähnen	Karies, Rachitis, Knochenfisteln
	Essentieller Bestandteil des Bindegewebes – kein Bindegewebe ohne Kieselsäure Kollagenbildend	Bei erschlafften Gefässwandungen, Krampfadern, Hämorrhoiden
	Grosse Anteile von Silicea in Blut, Lungen, Lymphknoten Grösster Gehalt im Herz	Bei Lymphknotenentzündungen und -Verhärtungen , sowie Nerven
	Wichtiger Bestandteil beim Aufbau und der Festigkeit von Haut, Schleimhäuten,Nägel, Haar, Knochen	Bei brüchigen Nägeln und Haaren Vernarbungsprozesse
	Fördert Vermehrung der weissen Blutkörperchen (Leukozyten), Phagozyten Kräftigt dadurch das Immunsystem	Tuberkulose, Skrofulose, Eiterungen Fördert Lösung von Harnsäure, harnsauren Ablagerungen Gicht, chronischer Rheumatismus, Nieren
	Sorgt für Widerstandskraft und Festigkeit der Haut	Nachtschweiss
	Zweithäufigstes Element in der Erdkruste	Frühzeitige Alterung der Haut, Runzeln

Nr. 11:

Silicea D12
Kieselsäure, Kiesel, Kieselerde SiO_2-H_2O

Silicea ist ein schwer lösliches Nährsalz. Im menschlichen Organismus befinden sich etwa 6 gr. davon. Der grösste Teil davon ist abgelagert in den Zähnen und Knochen. Der kleinere Teil verteilt sich über sämtliche Organe, konzentriert sich aber vor allem auf das Binde- und Hautgewebe sowie Blut und Herz.

Silicea fördert die Vermehrung der weissen Blutkörperchen (Leukozyten, Fresszellen), welche die Hauptkampftypen gegen eindringende Fremdstoffe und Krankheitskeime sind. Sie stärken das Immunsystem, also die Abwehrkraft des Körpers.

Silicea ist sehr angezeigt bei Eiterungen, also überall dort, wo Fremdstoffe aus dem Körper entfernt werden müssen. Es kann ein Hauptmittel sein bei Tuberkulose und Skrofulose.

Silicea löst Harnsäure und harnsaure Ablagerungen. Es ist damit ein gutes Mittel gegen Gicht, Geschwulste und chronische Rheumatismen. Weitere Wirkungsbereiche dieses Nährsalzes sind: Verhindern von Nierengries, Regulation der Schweissbildung.

Die Verarmung an Bindegewebe beim älter werdenden Körper, also das Erschlaffen und Runzeligwerden ist auf einen mehr und mehr entstehenden Silicea-Mangel zurückzuführen. Ebenso sind spröde, glasige Haut sowie Haarausfall ein Zeichen dafür. Innerlich zeigt sich dies als ein Zusammenschrumpfen des Bindegewebes in den verschiedensten Organen und damit als ein Zusammenschrumpfen der Organe selbst.

Silicea zusammen mit Calcium fluoratum und Kalium phosphoricum beugt frühzeitigen Alterserscheinungen vor.

Da bei Wunden, eiterigen Geschwüren und Abszessen das Bindegewebe innerlich wie äusserlich durch Narbengewebe und Heilungshautbildung schützend wirkt, wird eine rasche Heilweise möglich. Bei diesem Prozess spielt Silicea als Hauptfunktionsmittel des Bindegewebes eine wesentliche Rolle.

Einen wichtigen Stellenwert nimmt Silicea auch bei Blutergüssen, z.B. Schlaganfällen, ein. Dies aufgrund seiner aufsaugenden Eigenschaft.

Bei Menschen, die leicht frieren und sich schnell erkälten, ist oft ein Silicea-Mangel vorhanden. Kopfschmerzen, die vom Nacken ausgehend sich nach oben ziehen, sprechen sehr gut auf eine Silicea-indizierte Behandlung an.

Neben Kalium phosphoricum und Magnesium phosphoricum ist Silicea auch ein vorzügliches Mittel bei chronischen Nervenleiden sowie rheumatischen Erkrankungen.

Mit Silicea können Heilreaktionen eingeleitet werden, die dazu dienen Fremdkörper, wie eingewachsene Splitter, Dornen etc. aus dem Gewebe auszuschaffen. Der Organismus sieht aber alles was nicht körpereigen ist als „Fremdkörper" an. Also auch Pearcings, Zahnimplantate, Herzschrittmacher, Hüftgelenke usw. Mit Silicea versucht der Körper solche Teile von operativen Eingriffen abzustossen. Deshalb sollte stets vor der Anwendung von Silicea geprüft werden, **ob damit keine ungewollten Heilreaktionen** ausgelöst werden können.

Nr. 12: Calcium sulfuricum D6

Calcium sulfuricum D6	Wirkungsweise
$CaSO_4 \cdot 2H_2O$	Findet Anwendung bei Haut-, Schleimhaut- und Drüsenerkrankungen
	Bei äusseren und inneren Blutungen
	Bei Zuckerkrankheit (Diabetes)
	Bei Starbildung
	Leistet gute Dienste bei Stoffwechselstörungen und ist damit geeignet bei: Gicht Rheuma Neuralgien
	sowie bei: Flechten Fisteln und Mandeleiterungen
	zudem bei: Blasen- und Nierenentzündungen

Nr. 12:

Calcium sulfuricum D6
Schwefelsaurer Kalk – Kalziumsulfat
(Gips) CaSO4 · 2H2O

Dr. Schüssler verwendete dieses Salz in seinen späteren Lebensjahren nicht mehr. Er kam zu der Auffassung, dass ein Mangel an Calcium sulfuricum auch durch die Gabe anderer Salze ausgeglichen werden könne. Seine Nachfolger entdeckten aber, dass es bei verschiedenen Symptomen die anderen Salze in der Wirkung deutlich übertrifft und haben es wieder in die Reihe der 12 Grundsalze aufgenommen.

Calcium sulfuricum kommt unter anderem in der Leber und Galle vor, regt den Stoffwechsel an und steigert die Blutgerinnung. Es ist das Mittel gegen Störungen des Glykogen / Glykosegleichgewichtes und bei Diabetes.

In der Biochemie ist es das Mittel für alle Eiterungsprozesse, im speziellen dort wo eine Abflussmöglichkeit gegeben ist. Chronische Bronchitis mit Auswurf, Vereiterung der Tonsillen (Mandeln), Schwellung und Entzündung der Lymphknoten. Es reinigt den Körper und entgiftet das Bindegewebe. Dadurch hat es auch eine Beziehung zu den entzündlichen Gelenkkrankheiten und Gicht.

Ein Calcium sulfuricum Mangel kann durch Übersäuerung verstärkt werden, aber auch durch psychisch hervorgerufenen Stress. Auch Einsamkeit und Depressionen können diesen Mangel verstärken.

Drittes Kapitel

Die 14 biochemischen Ergänzungssalze und ihre Wirkungsweisen

Die biochemischen Ergänzungssalze 13-26 und ihre Wirkungsweisen

Dr. med. Schüssler verwendete für seine damals neuen Therapien die 12 Mineralsalze. Zu einem späteren Zeitpunkt verwendet er jedoch nur noch 11 davon. Diese 11 Salze bildeten über längere Zeit die Basis der Schüsslerschen biochemischen Heilmethode. Seine Nachfolger entdeckten aber, dass es bei verschiedenen Symptomen die anderen Salze in der Wirkung übertrifft und haben es wieder in die Reihe der 12 Grundsalze aufgenommen.

Dr. Schüssler selbst war sich jedoch sicher, dass weitere lebensnotwendige anorganische Elemente, die zu heilenden Zwecken eingesetzt werden können, entdeckt werden. Mit den der heutigen Wissenschaft zur Verfügung stehenden analytischen und messtechnischen Methoden und Geräten konnte eine Reihe weiterer wichtiger Salze ausgemacht werden, die sich als ständige Blutbestandteile erwiesen haben. Es ist somit nur die logische Folgerung darauf, dass, tritt ein Mangel dieser Salze auf, gesundheitliche Störungen auftreten, und ergänzt man sie, diese heilende Wirkung aufweisen können.

Damit lag auf der Hand, dass es bei den 12 von Dr. med. Schüssler ausgemachten Salzen nicht belassen werden konnte und eine Ergänzung nötig wurde. Dazu ein Zitat aus dem Werk des bekannten biochemischen Arztes Dr. med. Feichtinger:

«Ich habe mir die Lebensaufgabe gestellt, alles aus der biochemischen Heilweise herauszuholen, was immer möglich ist, denn sie enthält eine solche Summe von Heilkräften, wie sie andere Heilmethoden kaum bieten. Sie zeigt uns eine neue Lebenskunst, mit der man auf dem Gebiet der Gesunderhaltung und Lebensveränderung vieles übertreffen kann. Ich weiss, dass sich Dr. med. Schüssler über jede Verbesserung und Erweiterung gefreut hätte. Denn wenn wir immer auf den alten Glaubenslehren stehenbleiben, verzichten wir auf jeden Fortschritt, und des Fortschrittes ist die Biochemie wichtig und fähig.»

Bei den ergänzten Mineralsalztherapien handelt es sich um folgende Spurenelemente:

Nr. 13: Kalium arsenicosum D6

Kalium arsenicosum

K_3AsO_3

Wirkungsweise

Ist in kleinen Mengen im Gehirn, der Leber, der Schilddrüse und den Hautgeweben vorhanden

Fast jede Hautkrankheit fällt unter seinen Einfluss

Es hat eine heilende Wirkung auf:
psychische Erkrankungen
Angstanfälle
Überreiztheit
Gedächtnisschwäche

zudem auf:
Lähmungen
Muskelkrämpfe
Ischiasschmerzen

Weitere Anwendung findet es bei Herzklopfen, Skrofulose, Leber- und Darmstörungen.

Nr. 14: Kalium bromatum D12

Kalium bromatum	Wirkungsweise
KBr	Kalium bromatum hat eine ausgesprochene Affinität zu den Nervenzentren und den oberen Luftwegen

Es wird angewendet bei:
Nervenleiden
Gehirn- und Rückenmarkleiden

sowie bei:
Kehlkopferkrankungen
Luftröhrenproblemen
Bronchialerkrankungen
Keuchhusten

aber auch bei:
Depressionen und Schlaflosigkeit |

Nr. 15: Kalium jodatum D12

Kalium jodatum

KJ

Wirkungsweise

Jod findet sich vor allem im Schilddrüsengewebe

In den anderen Geweben ist es nur in verschwindend kleiner Menge vorhanden. Trotzdem aber hat Jod eine erstaunliche Wirkung auf die verschiedensten Organe und Gewebe

Ausgeprägt sind seine Wirkungen auf Nervensystem, Herzkranzgefässe, Drüsen und im besonderen auf Bindegewebe und Fettgewebe

Indiziert ist es bei:
weichem lymphatischem Kropf
nervöser Unruhe
Metallvergiftungen

Weitere Anwendungsbereiche sind bei:
Arterienverkalkung
erhöhtem Blutdruck

sowie bei:
Wachstumsregulation und Haarausfall

Nr. 16: Lithium chloratum D6

Lithium chloratum	Wirkungsweise
LiCl	Lithium chloratum beeinflusst den Eiweissstoffwechsel. Gespeichert ist es vorwiegend in der Lunge

Da Lithium chloratum vorwiegend die Ausscheidung von Harnsäure bewirkt, ist es ein hervorragendes Mittel gegen Gicht, Rheuma, Hexenschuss, rheumatische Gelenk- und Muskelerkrankungen

Lithium chloratum wird ferner verwendet bei Nieren- und Blasensteinen sowie Magenschmerzen und Darmkoliken

Weitere Anwendung findet es bei Arterienverkalkung sowie Drüsen- und Nervenleiden

Lithium chloratum sollte abwechselnd mit Nr. 8 Natrium chloratum, Nr. 9 Natrium phosphoricum und Nr. 5 Kalium phosphoricum eingenommen werden

Nr. 17: Manganum sulfuricum D6

Manganum sulfuricum	**Wirkungsweise**
$MnSO_4 \cdot H_2O$	Manganum sulfuricum in Verbindung mit Ferrum phosphoricum ist ein ausgezeichnetes Blutbildungsmittel

Gespeichert ist es in Blut und Muskelfasern. Es bildet das Hämoglobin, den Farbstoff der roten Blutkörperchen

Indiziert ist es daher bei:
Bleichsucht
Blutarmut
anämische Zustände
Muskel-, Gelenk- und Knochenschmerzen

ferner bei:
Leberbeschwerden
Leberfunktionsstörungen
Gedächtnisschwäche
Depression
Schwerhörigkeit
chronischem Katarrh der Luftröhre und der Bronchien

Nr. 18: Calcium sulfuratum D6 Calcium sulfidum

Calcium sulfuratum	Wirkungsweise
CaS	Beide Komponenten von Calcium sulfidum sind Bestandteile aller Zellen
	Ohne Schwefel kein Eiweiss – ohne Eiweiss keine Zellen
	Calcium sulfidum hat eine besondere Affinität zur Haut und den Schleimhäuten einerseits – zu Drüsen und Muskelsubstanz andererseits
	Indiziert ist es bei: Skrofulose Furunkulose Gicht Rheuma Krampfadern Hämorrhoiden
	sowie bei: Verstopfung
	Gute Dienste leistet es zudem bei Blei- und Quecksilbervergiftung

Nr. 19: Cuprum arsenicosum D6

Cuprum arsenicosum	Wirkungsweise
$Cu_3(AsO_3)_2$	Kupfer kommt im menschlichen Körper in sehr geringen Spuren vor, hauptsächlich in Leber und Galle. Der Wirkungsbereich ist ähnlich wie der des Zinkes. Es werden vornehmlichst durch diese beiden Element die Nerven, das Blutgefässsystem, die Haut und die Verdauungsorgane beeinflusst

Cuprum arsenicosum findet erfolgreiche
Anwendung bei:
nervenschwachen Menschen von nervöser,
reizbarer Prädisposition

Ferner bei:
Epilepsie
Veitstanz
chronischer Neuralgie
chronischem Katarrh der Atmungsorgane

sowie bei:
Hautkrankheiten

Es ist zudem ein erprobtes Mittel gegen Spul-
würmer, Magenwürmer und Bandwürmer

Nr. 20: Kalium aluminium sulfuricum D6

Kalium aluminium sulfuricum	Wirkungsweise
AlK(SO$_4$)$_2$ · 12H$_2$O	Kalium aluminium Sulfat wirkt auf die glatte Blutgefässmuskulatur Es ist vorallem indiziert bei Erkrankungen, die im Zusammenhang stehen mit Blutzufuhrstörungen infolge Gefässspannungsirregulation

Es findet seine Anwendung und Wichtigkeit bei:
Katarrhen der Schleimhäute, der Nase und
Bronchien

zudem bei:
hartnäckiger Verstopfung
Blähungen
Koliken

Im weiteren bei:
Fuss- und Nachtschweiss
Blasenschwäche und Bettnässen

Nr. 21: Zincum chloratum D6

Zincum chloratum

$ZnCl_2$

Wirkungsweise

Zincum chloratum hat seinen Funktionsbereich im Nerven- und Blutgefässystem

Zincum chloratum soll nur in kleinen Mengen eingenommen werden

Anwendungsbereich ist:
nervöse Schlaflosigkeit

Ferner bei:
schweren Infektionskrankheiten
Epilepsie
Veitstanz
multipler Sklerose

sowie bei:
Keuchhusten
Asthma
Mittelohr- und Augenentzündung

Nr. 22: Calcium carbonicum D6

Calcium carbonicum	Wirkungsweise
$CaCO_3$	Das kohlensaure Kalksalz hat seine Funktion vor allem im Bereich des Stoffwechsels

Anwendungsbereich:
Stoffwechselkrankheiten

weiter bei:
Haut- und Schleimhaut-Problemen

sowie bei:
Drüsen-
Lymphknoten-
Leber- und Darmstörungen

Ferner ist Calcium carbonicum angezeigt bei chronischen Krankheitsformen, bei denen Calcium phosphoricum und Calcium sulfuricum indiziert sind

Nr. 23: Natrium bicarbonicum D6

Natrium bicarbonicum	Wirkungsweise
$NaHCO_3$	Natrium bicarbonicum ist ein Salz im menschlichen Körper, das die vorteilhafte Eigenschaft beinhaltet, dass das Alkali nicht mit dem Säurerest durch die Nieren ausgeschieden werden muss, sondern im Blut verbleiben kann, während der gasförmige Säureanteil durch die Lungen abtransportiert wird. Aufgrund dessen ist eine notwendige Auffüllung des Natriums relativ leicht zu erreichen, um schliesslich den für den normalen Lebensprozess nötigen Grad der Alkaliessenzen aufrecht zu erhalten

Aufgabe des Natriums ist:
Bindung und Abtransport der in den Zellen sich ständig bildenden Kohlensäure. Kann dies nicht gewährleistet werden, hemmt es den Lebensprozess

Die Verbrennung ist nicht mehr optimal, die aufgenommenen Zucker und Fette lagern sich als Fett und Glykogen in den Geweben ab.
Auch der Aufbau der Eiweisse ist gehemmt.
Daraus erfolgt eine Überschwemmung des Körpers mit giftiger Harnsäure

Natrium bicarbonicum ist angebracht bei:
Fettsucht
Zuckerkrankheit, Diabetes
Gicht

sowie bei:
ungenügendem Stoffwechsel

Nr. 24: Arsenium jodatum D6

Arsenium jodatum	Wirkungsweise
AsJ3	Arsenium jodatum wirkt heilend auf: Eiterung des Blinddarmes sowie des Bauchfelles

dann bei:
Bronchialasthma
Lungentuberkulose
Störungen der Lymphknoten
des Bauch- und Rippenfelles

Nr. 25: Aurum chloratum natronatum D6

Aurum chloratum natronatum	Wirkungsweise
AuClNa	Aurum muraticum natronatum wirkt vor allem auf chronische Krankheiten, die ohne Fieber verlaufen, also Krankheitsformen wie: Skrofulose Syphilitische Hautgeschwüre Eierstock- und Gebärmutterentzündungen gereizte, melancholische Gemütsverstimmungen Angstzustände Arterienverkalkung

Nr. 26: Selenium D6 / D12

Selenium	Wirkungsweise
Se	Selenium ist ein sehr stark und umfangreich wirksames Zellschutzmittel und Antioxydans gegen eine vielzahl Umweltgifte, fördert den Abbau von schädigenden Substanzen.

Selenium findet erfolgreiche Anwendung bei:
Immunmodulation (IgG – Produktion fi Tumornekrosefaktor, Stimulation der Leukozytenaktivität)

Hilft den Zellwänden beim Vitamintransport

Stärkendes und breit wirkendes Mittel bei Stimmungsschwankungen, Gemütsverstimmungen und Depressionen

Ferner bei:
Muskelschwäche
Bauchspeicheldrüsenentzündung
Zystische Vibrose und entzündlicher Darmerkrankungen (mit Nr. 4 Kalium chloratum)

Dosis: 1 – 2 Tabletten täglich, bei hoher Umweltbelastung ev. auch mehr.

Kombinierbar mit allen biochemischen Funktionsmitteln.

Viertes Kapitel

Die biochemischen Salben in Wirkung und Anwendung

Die biochemischen Salben

Biochemische Salben sind einfach und universal in ihrer Anwendung. Biochemische Salben werden angewendet bei Hautproblemen, die übrigens meist auf Disfunktion innerer Organe zurückzuführen sind. Selbstverständlich können sie auch auf gesunde Haut aufgetragen werden in der Absicht, auf innere Bereiche und Vorgänge einwirken zu können. Da die Haut eine sehr enge Beziehung zu allen inneren Abläufen hat, ist sie auch ein äusserst ideales Organ, über das sehr gezielt heilungsfördernde Prozesse eingeleitet werden können. So kann über dem zu behandelnden Organ, z.B. Herz, Leber, Nieren, Blase etc. die der Heilung dienende biochemische Salbe aufgetragen und leicht einmassiert werden.

Je nach vorliegender Ursache können die biochemischen Salben als begleitend oder unterstützend zu den oral eingenommenen Mineralien verwendet werden oder aber auch als alleinige Behandlungsweise. In einem Falle beschleunigen sie die Wirkung, im anderen sind sie die ideale Lösung für das vorliegende Krankheitsbild, z.B. offene Beine etc. Nie schliesst sich aber innere und äussere Anwendung aus. Es liegt immer im Ermessen des Behandelnden, ob beide Möglichkeiten simultan auszuführen sind oder ob die eine oder andere genügt.

Die biochemischen Salben können entweder leicht einmassiert werden oder aber auch als Salbenverband auf die entsprechenden Stellen aufgetragen werden.

Wichtig ist bei der Anwendung, vor allem im Zusammenhang mit gleichzeitiger Einnahme von biochemischen Tabletten, dass die Gesamtsymptomatik des entsprechenden Krankheitsbildes in Betracht gezogen wird. Zwischen inneren Prozessen und äusserem Ausdruck besteht immer ein Zusammenhang, und diesen gilt es zu beachten. Je besser dies gelingt, umso einfacher ist es, die richtige Wahl für das entsprechende Mineralsalz zu treffen. Sicher setzt es auch eine gewisse Kenntnis von der Wirkungsweise des Mineralsalzes voraus. Dies sollte jedoch durch das hier vorliegende Kompendium nicht allzu schwierig sein, sind doch sowohl Wirkungsweise wie auch Anwendungsbereich ziemlich umfassend beschrieben. Manchmal mag es zwar schwierig sein, eine klare Differenzierung zu machen, da möglicherweise verschiedene Mittel in Frage kommen können.

Dies liegt in der Natur der sehr komplexen krankmachenden Prozesse. Oft sind es ineinander verschachtelte Funktions- und Reaktionsabläufe, die in kaskadischen und konvergent laufenden Abfolgungen zum Ausdruck kommen. Eine präzise Unterscheidung von einem zum anderen ist dann nicht möglich. In solchen Fällen ist ein differential-diagnostisches Überlegen gefragt. Doch auch hier hilft das Kompendium dem Ratsuchenden.

Dicke Salbenverbände werden mit Vorteil über Nacht angewendet. Handelt es sich um Dauerverbände, sollten sie 2 x täglich erneuert werden. Werden die Salben leicht einmassiert, so kann dies mehrmals täglich vollzogen werden.

Bei Katarrhen und Erkrankungen des Rachens empfiehlt sich, dass die Salben über die Nasenschleimhaut aufgenommen werden, d.h. es werden etwa erbsengrosse Stücke in die Nase eingeführt und dann nach oben verrieben. Dies gilt auch bei Stirnhöhlen- und Kieferhöhlenentzündung.

Handelt es sich um Wunden, so empfiehlt sich in diesem Falle immer, Salbenverbände anzulegen.

Nr. 1: Calcium fluoratum
hat Einfluss auf das Bindegewebe

zusammen mit
Nr. 4 Kalium chloratum

' Arzt konsultieren!

zusammen mit
Nr. 2 Calcium phosphoricum

Anwendung:

Gewebeverhärtung
Wucherungen
Narbenverwachsungen
Verschwartungen des Rippenfells
bei Elastizitätsmangel oder zu
weicher Elastizität

arthrotische Gelenke mit Kapsel-
schwund
verhärtete Lymphknoten
Brustdrüsenknoten
Hauteinlagerungen
Kropfknoten
Krampfadern
Hornhautbildung
rissige Haut
frühzeitig alternde Haut
Quetschungen
Nagelverwachsungen
Nagelbetteiterung
Erschlaffungszustände des
Bindegewebes
Leisten- und Nabelbrüche
Bänderschwäche, Quetschungen

Wanderorgane
Venenwandschwäche
Hämorrhoiden
Afterfissuren
Ohrensausen (Salbe hinter Ohr-
muschel, mehrmals tägl. auftr.)
pulsierende Schläfenarterien
(lokal auftragen)

99

Nr. 2: Calcium phosphoricum
sorgt für Eiweissaufbau
der Zellen
wirkt auf das Knochensystem,
Bänder, Gelenkkapseln, Haut,
Schleimhäute, Blutbildung

Knochenbrüche
(bessere Verheilung)
Wetterfühligkeit an ehemals
verletzten Knochen
Wachstumsschmerzen bei
Kindern
Schweissneigung an Händen und
Füssen, nächtliches Schwitzen
Ekzeme
Schleimhäute, d.h. bei Prädisposition zu Katarrh, bei schwachem
Magen, schwachen Bronchien
sowie Niere und Blase (Salbe
über den entsprechenden
Organen einreiben)
Blutarmut
Blässe, Bleichsucht
Energiemangel
schnelles Ermüden

Nr. 3: Ferrum phosphoricum

Eisen wirkt auf die Muskelzellen der Gefässe und des Herzens, der der arteriellen- und venösen Blutgefässe sowie Magen- und Darmwandmuskulatur. Es hat eine kräftigende Wirkung.

Im weiteren ist es an der Blutbildung beteiligt. Sorgt für den Aufbau des Hämoglobins (Blutfarbstoff) und ist somit an der Sauerstoffumsetzung der Zellen beteiligt.

Eine weitere Funktion ist die Unterstützung des Abwehrsystems, indem es hilft zu entgiften.

zusammen mit Nr. 2 Calcium phosphoricum

schwache Gefässmuskulatur
unregelmässige Blutverteilung
Erröten, wechselnd mit Blässe
Unruhe in den Beinen
kalte Hände
kalte Füsse
blaue Flecken bei geringem Anstossen
häufiges Herzklopfen
Herzbrennen bei geringster Leistung (Salbe über der Brust einreiben)

schwache Blutbildung
Anämie

Salbe einmassieren zwischen den Schulterblättern, wechselweise Ferrum phosphoricum und Calcium phosphoricum

Nr. 4: Kalium chloratum

Kalium chloratum hat mit den Gerinnungsstoffen der Körperflüssigkeiten eine enge Beziehung. Es wirkt auf die Haut, die Schleimhäute wie serösen Häute. Im weiteren auf Schleimbeutel-, Gelenkkapsel-, Sehnenscheiden- und Rippenfellentzündungen. Des weiteren hat es eine gerinnungshemmende Wirkung auf das Blut.

Ekzeme
mehlartige Beläge
verschorfte Wunden
braune Hautfecken (Leber- und Altersflecken)
Katarrhe
eindickender Schnupfen
Tubenkatarrh (Eustachsche Röhre)
Stirnhöhlenkatarrh
Bindehautentzündung
Hornhautgeschwüre
Hühneraugen
bräunliche Hautflecken
Sehnenscheidenentzündung
Kniegelenkentzündung
Schleimbeutelentzündung
Rippenfellentzündung
nach Operationen
Muskelrheuma
Prellungen, Quetschungen
Verstauchungen
Frostbeulen
Warzen
Bluterguss
Erkrankungen, die eine höhere Blutgerinnung bewirken
Venenentzündung
tiefliegende Krampfadern

Nr. 5: Kalium phosphoricum

Es ist das wichtigste Mineralsalz der Biochemie.
Es wirkt auf den Zellkern jeder Zellenart. Es wirkt aufbauend, erhaltend und fördert die Teilungsfähigkeit der Zellen. Umgekehrt baut es zerfallende und alte Zellen rasch ab.
Jeder Körper und vor allem jeder durch Krankheit oder Alter geschwächte Körper braucht viel Kalium phosphoricum.
Es ist ein Nervenaufbaumittel, stärkt den Herzmuskel, entspannt die Herzkranzgefässe und beruhigt die Herznerven.
Es hilft bei Entzündungen des Gewebes.
Kalium phosphoricum ist ein universelles Mittel.

Schwäche
Übermüdung
Krampfzustände nach oder während körperlicher Anstrengung
Venenkrämpfe
Verkrampfung der Herzkranzgefässe
Herzkrampf
Herzstechen
Herzklopfen infolge Überanstrengung, Überbelastung
Beingeschwüre
Gangräne
schlecht heilende Wunden
Wadenkrampf
kreisrunder Haarausfall, Ausfallen der Augenbrauen
Ausbleiben des Bartes

Salbe wird an den entsprechenden Stellen oder über dem entsprechenden Organ leicht einmassiert.
Bei tuberkulösen Geschwüren ist mit Kalium phosphoricum Vorsicht geboten!

Nr. 6: Kalium sulfuricum

Kalium sulfuricum ist ein Entgiftungsmittel.

Es unterstützt vor allem die entgiftenden Organe wie Leber, Niere, Haut und Schleimhäute.

Biochemisch gilt es als Mittel gegen Entzündungsformen dritten Grades. Also überall da, wo eitrige wie dicke gelbe schleimige Sekrete auftreten, z.B. bei unreiner Haut, eitrigem dickem Schnupfen sowie Ohren-, Nasen- und Stirnhöhlenkatarrhen, auch bei eitrigen Bindehautentzündungen.

eitrige Prozesse von Haut und Unterhautgewebe
Abszesse
eitrige Wunden
Verbrennungen 2. Grades
Unterschenkelgeschwüre
Vereiterung des Nagelbettes
Leberüberlastung

Salbe über oder auf die jeweiligen Stellen leicht einmassieren.
Bei Schnupfen, Stirnhöhlen- oder Nebenhöhlenkatarrh Salbe in die Nase streichen und hochschnupfen.

Nr. 7: Magnesium phosphoricum

Magnesium phosphoricum ist ein Nervenfunktionsmittel. Differenzialdiagnostisch besteht eine Verbindung zu Ferrum phosphoricum sowie Calcium phosphoricum und Kalium phosphoricum.

Zum Binden von Sauerstoff in der Zelle ist Ferrum phosphoricum nötig. Zum Binden von Kohlensäure hingegen braucht sie Magnesium.

Magnesium ist aber auch ein Antagonist bezüglich des Calcium phosphoricums. Magnesium führt Calcium dahin, wo es gebraucht wird.

Zusammen mit dem Kalium phosphoricum wirkt sich Magnesium phosphoricum auf die Nervenleitbahnen aus, d.h. auf die chemo-elektrische Funktion des Nervensystems.

Krämpfe, Krampfzustände
krampfartige Schmerzen den
Nervenbahnen entlang
Ischiasschmerzen
Neuralgien
Schwäche in Muskeln und
Gliedern
Kopfschmerzen, vornehmlich vom
Nacken aufsteigend
stechende Schmerzen
Migräne
Wetterempfindlichkeit (d.h. durch
Wetterveränderung hervorgerufene
Schmerzen verschiedenster
Genese)
Zittern und Zucken von Gliedmassen und Muskelgruppen
Lidkrämpfe und Lidzucken
Magenkrämpfe
zugeschnürter Hals
Herzkrämpfe
Krämpfe bei Blähungen
kolikartige Krämpfe
Krämpfe der Gallenblase

Die Salbe ist ebenfalls eine hervorragende Hilfe bei nervösem Hautjucken und Juckreizen bei Schuppenflechten.

Nr. 8: Natrium chloratum

Natrium chloratum speichert und verteilt das Wasser in unserem Organismus.
Bei Ansammlungen von Wasser (Oedeme) oder Mangel an Wasser (Vertrocknung) sorgt Natrium chloratum für den nötigen Ausgleich.
Störungen im Natrium chloratum-Haushalt zeigen sich vor allem an der Haut und den Schleimhäuten. Typische Anzeichen sind Magenbrennen, Sodbrennen, trockene Zunge, ausgetrockneter Hals mit Brennen in der Speiseröhre, dünner Speichel, übermässiger Durst, kratzende Bronchien, trockener Husten.

welke Haut
Wolf
Ekzem mit Bläschenbildung, meist stark juckend
Wundliegen bei Kranken und alten Menschen
Sezernierende Unterschenkelekzeme
Afterekzeme, meist sehr stark juckend
rissige Lippen
Einrisse an den Mundwinkeln
rissige Brustwarzen
Risse an Gelenken und Fingern
Aufgedunsenheit

Nr. 9: Natrium phosphoricum

Natrium phosphoricum löst die aus dem Stoffwechsel resultierende unverbrannte Säure und leitet sie über die Harnwege aus dem Körper.

So werden Eiweissstoffwechselsäuren (Harnsäure), Zuckerstoffwechselsäuren (Milchsäure) sowie Fettstoffwechselsäuren (Fettsäure) durch Natrium phosphoricum zersetzt und unschädlich gemacht.

Natrium phosphoricum erhöht den Verbrennungsvorgang. In diesem Zusammenhang entgiftet es gleichzeitig.

Es ist überall da am Platz, wo erhöhte Säureansammlungen vorhanden sind. Diese machen sich besonders bemerkbar in der Hautbeschaffenheit, den Schleimhäuten sowie den Muskel- und Lymphgeweben.

fette, grossporige Haut
Mitesser
picklige Haut
eiternde Wunden, die schlecht heilen
skrofulöse Geschwüre
Harnbildung
Hühneraugen
Gicht und Rheuma
Lymphknotenschwellungen
eitrige, weiche Knotenbildung in Brustdrüsen, Achsel-, Leistenlymphknoten – **Knoten vom Arzt abklären lassen!**)

Salbe wird an den entsprechenden Stellen einmassiert oder es werden Salbenverbände aufgelegt.

Nr. 10: Natrium sulfuricum

Natrium sulfuricum führt Wasser aus dem Gewebe den Nieren zu und damit auch Stoffwechselprodukte.

Es gehört wie Natrium phosphoricum zu den entgiftenden Mineralsalzen.

Es steht zudem in einer gewissen Affinität zu den Ausscheidungsorganen wie Leber- und Gallensystem, Verdauungstrakt sowie Harntrakt und Haut, aber auch den Lungen, d.h. dem Atemsystem.

Beschwerden, die im Zusammenhang mit Natrium sulfuricum stehen, werden schlimmer bei feuchtkaltem, nebligem Wetter.

Die Hautfarbe ist gallig, also gelblich bis grünlich.

So ist es auch mit den Ausscheidungen. Sie sind meist grünlich, wässerig oder haben eine grünlich-graue Farbe.

Die Haut ist meist frostig kalt und berührungsempfindlich.

Weitere Anzeichen bei Natrium sulfuricum-Mangel sind Völlegefühl, Druck auf der Leber wie Verdauungsstörungen, oft verbunden mit Magenschmerzen, nicht selten mit bitterem Geschmack auf der Zunge.

Leberbeschwerden, Druck im Oberbauch
Verdauungsstörungen und Magenschmerzen
Herzbeschwerden

Salbe im Oberbauchbereich von der Lebergegend bis hinüber zur Milzgegend, also vom rechten Rippenbogen bis hinüber zum linken Rippenbogen einmassieren und hoch bis zum Herzbereich.

Die Salbe ist ebenfalls anzuwenden nach Kopfverletzungen. Oft bleiben lange irgendwelche unbestimmten Beschwerden zurück. In diesem Falle die Salbe in erbsengrossen Stücken in die Nase einführen und nach oben verteilen. Sie erleichtert die Ausscheidung über die Nasenschleimhaut.

Nässende Ekzeme wie Flechten auf der Haut können ebenfalls mit Natrium sulfuricum behandelt werden.

Auch bei Frostbeulen zeigt Natrium sulfuricum-Salbe, die am besten mit einem Läppchen über die Stelle gebracht wird, eine äusserst heilsame Wirkung.

Nr. 11: Silicea

Silicea ist eines der drei hervorragenden Bindegewebemittel. Es wirkt auf die Bindegewebezellen und deren Funktion. Kalium sulfuricum hingegen hat seine Wirkung auf Kollagene, also die Quellfasern und Calcium fluoratum übt seinen Einfluss auf die elastischen Fasern aus.

Silicea ist in sämtlichen Geweben des Körpers vorhanden. Es baut sich mit zunehmendem Alter immer mehr ab. Konsequenz davon: Es ist ein sehr gutes Mittel gegen vorzeitiges Altern. Andererseits ist seine Anwendung aber auch da angebracht, wo lange dauernde oder gar chronische Krankheitsformen das Immunsystem schwächen sowie bei schwächlichen und kümmerlichen Kindern.

Silicea hat als Bindegewebewirkstoff im weiteren einen direkten Einfluss auf die weissen Blutkörperchen. Diese sind bekanntlich zuständig für Abwehrfunktionen sowie Resorption von Abfallprodukten, die im Körper anfallen, aber auch von Krankheitsstoffen, körperfremden Stoffen. Sie sind die grossen Beseitiger und Aufräumer all dessen, was dem Körper durch innere Prozesse an

alle Krankheiten mit starken
Eiterungen
Nagelbetteiterungen
Beingeschwüre
Furunkulose
Knocheneiterung
Nagelbetteiterung
Ohrenfluss
Fisteln
Abszesse
schlaffe, dünne, trockene, runzlige Haut
Bandscheibenschäden
Wirbelsäulenschmerzen
Nackenkopfschmerzen
Hüftgelenkschmerzen
Bänderzerrungen
schlaffe Bänder

Salbe an den entsprechenden Stellen auftragen und leicht einmassieren.

Schaden zugefügt werden könnte.
Eiterungen bestehen z.B. aus
mehr als 90% weissen Blutkörperchen. Bei lange anhaltenden
Eiterungsprozessen ist ein
grosser Bedarf an weissen Blutkörperchen vorhanden.
Mitunter ein Grund, warum man
bei Kranheiten mit lange anhaltenden, starken Eiterungen
Silicea gibt. Dadurch können sich
leichter neue weisse Blutkörperchen bilden.
Achtung, es könnten auch unge-
wollte Heilreaktionen ausgelöst
werden, siehe Seite 71.

Nr. 12: Calcium sulfuricum

Calcium sulfuricum wird oft mit Silicea zusammen oder anstelle von Silicea angewendet. Wenn noch keine Abflussmöglichkeit für Eiterungsprozesse offen ist, zuerst mit Nr. 1 Calcium fluoratum Salbenauflagen behandeln.
Calcium sulfuricum sorgt für eine schnelle Abheilung.
Zusammen mit Nr. 3 Ferrum phosphoricum verhilft es bei blutenden Wunden zu einer schnellen Schliessung der Wunde und Heilung.
Calcium sulfuricum hat eine blutgerinnende Wirkung.

Furunkeln
Abszesse
Fisteln
Flechten
Beingeschwüre
Ohrenfluss

Welchen Stellenwert nehmen biochemische Salze bei Hektik und Stress in unserer Zeit ein?

Biochemie in Hektik und Stress unserer Zeit

Biochemische Mittel spielen auch eine bedeutende Rolle in dem von Hektik und Stress geplagten Menschen. Denn gerade durch das hektische, getriebene und von Stress diktierte Leben unserer Zeit ist der Verschleiss an wichtigen Mineralsalzen gross. Ist einmal ein Mangel eingetreten, werden die Mangelerscheinungen durch die typisch zum Ausdruck kommenden Symptome wie übermässige Nervosität, diffuse Ängste, Hypersensibilität, Licht- und Geräuschempfindlichkeit, Schwindel, Ohrensausen, Kreislaufstörungen, Hyperventilation, Magenstörungen etc. hervorgerufen.

Und genau da setzt das biochemische Mittel ein. Es beseitigt den Mangel an wichtigen Mineralsalzen in den Zellen, so dass diese ihrer Aufgabe wieder gewachsen sind und damit eine Normalisierung in den Funktionsabläufen mehr und mehr gewährleistet werden kann.

Dazu braucht es zwar meist etwas Geduld, d.h. die Mittel müssen über längere Zeit eingenommen werden.

Das Hauptmittel bei nervösen Erschöpfungszuständen, Schlafstörungen, allgemeiner Überempfindlichkeit, Angstzuständen, Schwäche, Schweissausbrüchen, Depression, Zittern, Schwindel sowie diversen anderen Symptomen ist:
Nr. 5 Kalium phosphoricum, 3-4 mal täglich je 1-2 Tabletten.

Bei Schlafstörungen zusätzlich:
Nr. 7: Magnesium phosphoricum, 10 Tabletten in wenig heissem Wasser aufgelöst und in kleinen Schlucken kurz vor dem Zubettgehen einnehmen.

Bei Gedächtnis- und Konzentrationsstörungen aufgrund von Stress zusätzlich zum Nr. 5: Kalium phosphoricum:
Nr. 2: Calcium phosphoricum, 1-3 mal täglich je 1 Tablette.

Bei nervösem Luftschlucken:
Morgens Nr. 5: Kalium phosphoricum, 1-4 mal täglich je 1 Tablette und abends vor dem Zubettgehen ca. 5–10 Tabletten, aufgelöst in wenig heissem Wasser schluckweise einnehmen.

Bei Hypertonie:
d.h. bei hypertoner Regulationsstörung schon unter kleinster Belastung, Gefühl von Beengung, stark klopfendem Puls:
Nr. 4: Kalium chloratum, 3-4 mal täglich je 1-2 Tabletten einnehmen.
Als Nachbehandlung:
Nr. 10 Natrium sulfuricum, 3-4 mal täglich je 1-2 Tabletten.

Nebennereninsuffizienz:
(Anzeichen sind oft Akneähnliche Hautausschläge)
Nr. 8: Natrium chloratum, mehrmals täglich 2–4 Tabletten

Gallenstörung:
(Ausdruck von verdrängtem Ärger, Hypochondrie, unzweckmässigem Konfliktverhalten, cholerischen Anwandlungen)
Nr. 4: Kalium chloratum, mehrmals täglich 3–4 Tabletten

Bei Krämpfen oder Schmerzen im Oberbauch rechts:
Nr. 7: Magnesium phosphoricum, 10 Tabletten in wenig heissem Wasser auflösen und schluckweise einnehmen. Falls nach 30 Minuten noch nicht besser wiederholen.

Als Nachbehandlung:
Jeden Abend Nr. 7: Magnesium phosphoricum und Nr. 10 Natrium sulfuricum je 6-7 Tabletten mit 1 Stunde Abstand als heisse Lösung mehrere Wochen lang einnehmen (siehe Seite 53).

Bei allgemeiner körperlicher und geistiger Erschöpfung:
Nr. 5: Kalium phosphoricum, 2–3 Tabletten mehrmals täglich
Nr. 3: Ferrum phosphoricum, 2–3 Tabletten mehrmals täglich
Nr. 7: Magnesium phosphoricum, 2–3 Tabletten mehrmals täglich

Tabletten alternierend einnehmen oder in zeitlichem Abstand von
ca. 15 Minuten pro Einheit.

Beispiel:
Nr. 5: Kalium phosphoricum – 3 Tabletten
15 Minuten später:
Nr. 3: Ferrum phosphoricum – 3 Tabletten
15 Minuten später:
Nr. 7: Magnesium phosphoricum – 3 Tabletten

Das Ganze ca. 2 Stunden später über den ganzen Tag verteilt wiederholen bis sich nach 1 oder einigen Tagen eine Besserung einstellt.

Hinweise zu Wohlergehen und Gesundheit

Ein paar Hinweise zu Wohlergehen und Gesundheit

Unser Wohlergehen und unsere Gesundheit hängen von vielen Faktoren ab. Eines jedoch ist sicher: Wohlergehen und Gesundheit liegt etwas ganz Profundes zugrunde, nämlich die Lebenseinstellung. Weniger die Einstellung, was richtig oder was falsch ist, sondern vielmehr «das Leben ist, wie es ist» und dass aus dieser Einsicht heraus das Bestmögliche versucht wird. Wer hier ein bisschen Durchblick gewinnt und nicht nur an der Oberfläche dahinschwimmt, wer also sieht, was zu tun ist, der fängt an, seinen Weg zu gehen, und das ist das, was eigentlich unter natürlich, d.h. gesund leben oder seiner Natur entsprechend leben, verstanden wird.

Gesund und natürlich leben heisst auch im «Jetzt» leben, nicht im «dann, wann». Das «dann, wann» ist Illusion und ist mitunter ein Stressfaktor, da durch das «dann, wann» eine ständige Spannung aufrechterhalten wird. Wer hingegen im «Jetzt» lebt und offen ist, der tut jetzt das Richtige, und wer jetzt das Richtige tut, der muss keine Angst vor der Zukunft haben.

Ein weiterer wesentlicher Faktor zur Erhaltung von Gesundheit und Wohlergehen ist, Ordnung in sein Denken bringen, d.h. zum einen sich seines Tuns und Handelns bewusster zu werden, aber auch unnötiges Grübeln beiseite lassen zu können. Dies setzt jedoch die Fähigkeit voraus, sich seines Denkens gewahr zu werden oder anders zum Ausdruck gebracht: eine gewisse Fähigkeit zur Selbstbeobachtung. Die Voraussetzung dazu ist Bewussheit. Es geht auch in jene Richtung des Sich-seinerselbst-Erinnerns. Also ab und zu mal innehalten, um mit sich selbst zu sein – etwas, das dem heutigen von weiss nicht was allem getriebenen Menschen immer schwerer fällt. Doch gerade dieses «Innehalten» ist äusserst wichtig für unsere geistige wie körperliche Gesundheit, wie ganz allgemein für unser Wohlergehen. Es ist eine Art Regeneration oder man könnte auch sagen, ein «physio-neuropsychisches Tonikum».

Ordnung schaffen im Kopf, um darauf zurückzukommen, heisst Klarheit schaffen in dem Gedankengewirr, das wir üblicherweise in unserem Kopf herumtragen. Klarheit schaffen heisst, selektiver mit Informationsaufnahme umgehen und sich dem, was schon aufgenommen wurde, bewusst werden, denn es ist dieses Durcheinander und es sind diese Informationen, die uns zu dem machen, was wir sind, wie wir leben, was uns quält und schliesslich auch krank machen kann. Der Mensch ist, was er denkt – oder anders – wir leben, was wir denken. Ein wichtiger Grundsatz für Gesundheit und Wohlbefinden: Sei dir deines Denkens bewusst.

Dass der Mensch genügend Bewegung braucht, sollte eigentlich klar sein, dass er abwechslungsreiche Nahrung zu sich nehmen soll, müsste an und für sich auch einleuchten. Doch obwohl dem so sein sollte, zeigt die Wirklichkeit in vielen Fällen genau das Gegenteil. Man weiss es zwar, tut es aber nicht. Es sei hier nochmals darauf hingewiesen: Nahrung, ausgewogene, abwechslungsreiche Nahrung und genügend Bewegung sind essentielle Voraussetzungen für einen gesunden Körper.

Ein weiterer Punkt ist, dass man etwas mehr auf seinen Körper hören sollte, d.h. die Sensibilität entwickelt, zu spüren, welche Bedürfnisse der Körper hat. Ist diese Sensibilität, oder wir können auch sagen, die Bewusstheit für sein Körperempfinden, wieder so, wie es sein sollte, so können wir sehr genau feststellen, was uns gut tut, von was wir zuwenig haben oder von was zuviel. Mit anderen Worten: Wir verstehen die Sprache des Körpers, der seine eigene Intelligenz hat. Es kommt viel zu oft vor, dass wir aus eben ungenügender Sensibilität dem Körper etwas aufzwingen in der Meinung, es täte ihm gut, in Wirklichkeit aber genau das Gegenteil damit erreichen. Also aufpassen, hinhören, spüren, empfänglich sein für das, was durchkommt und dann handeln.

Es gibt heute viele Regeln, und es werden immer mehr, die uns vorschreiben wollen, wie wir uns ernähren sollen, wie wir die Nahrung zuzubereiten haben und dergleichen, und viele, die diese Regeln proklamieren, behaupten von sich, dies wäre das Non-plus-ultra moderner wissenschaftlicher Ernährungslehre. Oft stellt sich dann aber etwas später wiederum durch wissenschaftliche Studien heraus, dass dem nicht so ist. Man kann aus vielem und allem eine Philosophie machen. Manches macht Sinn, doch vieles auch nicht. Sich umsehen und orientieren ist sicher richtig, weniger ratsam hingegen ist es, mit Übereifer oder gar Fanatismus sich etwas verschreiben, ohne dem Aufmerksamkeit zu schenken, was im Abschnitt zuvor über die Fähigkeit, auf den Körper zu hören und dabei die Bedürfnisse des Körpers zu erfahren, erwähnt wurde.

Ein paar Faustregeln zur Ernährung sind:

- Die Nahrung, die wir zu uns nehmen, sollte nicht zu salzig sein.
- Die Nahrung sollte ausgewogen sein, d.h. nicht übermässig viel Eiweissnahrung, also Fleischprodukte, Eier, Käse, Samen von Hülsenfrüchten, Pilze, Hefe, Weizenkeimlinge.
- Wichtig sind Gemüse, Kartoffeln, Früchte, dunkles Brot, qualitativ gute Teigwaren.
- Es empfiehlt sich, zu den Hauptmahlzeiten immer etwas rohes Gemüse, Salat oder ungekochtes Obst zu essen.
- Vollkornprodukte sind durch Hitze aufgeschlossene Vollnahrung. Das selbe trifft auch für die Milch zu.

Wer eine ausgewogene Nahrung zu sich nimmt, sorgt dafür, dass alle wichtigen Nährstoffe wie aber auch die nötigen Ballaststoffe, welche für den Aufbau und die Erhaltung unseres Körpers essentiell sind, im richtigen Verhältnis aufgenommen werden.

- Einseitige und übermässig gesalzene Nahrung kann krankhafte Zustände begünstigen oder hervorrufen.
- Ist die Nahrung nicht genügend ausgewogen, entsteht Vitamin-, Oligo- und Spurenelementmangel.
- Raffinierte Nahrung, also Weissmehl- und Zuckerprodukte, sollte nur in bescheidenen Mengen gegessen werden.

Welche Nahrung wir auch immer zu uns nehmen, sie sollte gut gekaut werden. Man könnte auch sagen, bewusst gegessen werden. Wer bewusst isst, weiss, wann er genug hat, überisst sich also nicht und hat somit keine Gewichtsprobleme. Überessen hat viel mit unbewusstem Essen zu tun, d.h. mit einem Verhaltensmuster, dessen man sich nicht gewahr ist. Es isst einfach, futtert rein wie ein Automat, es ist eine unkontrollierte, mechanische Verhaltens-, Essverhaltensform, gesteuert von einem unbewussten Muster.

Im weiteren soll darauf geachtet werden, dass nicht zu hastig und zu heiss gegessen wird. Auch zu kaltes Essen und zu kalte Getränke sind besonders auf leeren Magen nicht unbedingt zu empfehlen.

Die Nahrung sollte wenn irgend möglich nicht im Wasser, sondern nur im Dampf gekocht werden. Dadurch bleiben der Nahrung die Nährsalze wie die Vitamine erhalten.

Ein paar Worte über die Verdauung:

Die zu uns genommene Nahrung braucht zur Verdauung etwa 18 bis 24 Stunden. Jedes längere Verbleiben bewirkt je nach Verzögerung eine zunehmende Vergiftung unserer Körpersäfte. Stellt sich dies chronisch ein, untergräbt diese Vergiftungsform jede Konstitution und öffnet dadurch allen möglichen Krankheiten Tür und Tor. Es gibt viele Menschen, die zwar der Ansicht sind, die Verdauung wäre regelmässig; in Wirklichkeit aber sind sie um 24 Stunden verspätet. Dies lässt sich durch eine Stuhluntersuchung ermitteln.

Für eine gute Gesundheit ist eine gute Verdauung Voraussetzung. Bei Darmträgheit ist jede Krankheitsbehandlung in ihrer Wirksamkeit behindert, manchmal sogar wirkungslos. In solchen Situationen muss zuerst dieses Übel beseitigt werden.

Bei Fieberkranken besteht immer die Tendenz, dass durch den leicht faulig werdenden Darminhalt eine Körpersäfte-Vergiftung einhergehen kann. Dies hat zur Folge, dass der ohnehin schon kranke Körper noch mehr geschwächt werden kann. Es ist deshalb nicht unwesentlich, dass

Fieberkranke zu Beginn des Fiebers sich gründlich entleeren können.

Ein paar Diätregeln für Kranke:

a) Fasten ist bei akuten fiebrigen Krankheiten zu Beginn zu empfehlen, was sich aber meist schon durch Appetitlosigkeit fast natürlich ergibt. Dasselbe gilt bei Magen- und Darmleiden. Äusserst wichtig dabei ist jedoch, dass stets dafür gesorgt wird, dass genügend Flüssigkeit aufgenommen wird mit entsprechend nötigen Nährsalzen, die man z.b. gelöst in den Getränken geben kann (Arzt beiziehen).

b) Akutes Fieber sowie lokale Entzündungshitzen sollten nicht gleich gewaltsam unterdrückt werden, weder mit Medikamenten noch mit Eis. Beides sind Anzeichen des natürlichen Heilungsprozesses. Dieser kann durch «biochemische Mittel» bestens unterstützt werden, damit sowohl das Fieber wie auch die lokalen Entzündungsherde nicht zu heftig werden und schneller wieder abklingen.

c) *Diät:*
Die Diät sollte dem Krankheitsbild angepasst werden (Arzt befragen). Ganz allgemein gilt: keine schwerverdauliche und allzu salzige Nahrung. Es sollte darauf geachtet werden, dass die Nahrung nicht einseitig ist. Einseitige langweilige «Krankenkost» macht krank. Zu jeder Hauptmahlzeit zusätzlich etwas Früchte mitservieren. Die Nahrung sollte gut gekaut werden. Selbstverständlich gilt auch hier, wie zuvor schon erwähnt, dass nicht zu heiss oder zu kalt gegessen wird. Dasselbe gilt für die Getränke. Alkohol und andere Genussmittel sind zu vermeiden.

d) *Atmung:*
Das Zimmer, in dem sich der Kranke aufhält, sollte unbedingt öfters gelüftet werden, so dass immer genügend unverbrauchte, frische Luft vorhanden ist.

Atemübungen:

Es empfiehlt sich für den Kranken, alle 30 Minuten, aber zumindest jede Stunde, 5 tiefe rhythmische Atemzüge zu machen. In der Vorstellung wird die Luft tief in den Bauch gezogen. Wichtig dabei ist zudem, dass gut ausgeatmet wird. Gutes Ausatmen ist ohnehin wichtig, das Einatmen geschieht dann wie von selbst. Tiefes Atmen fördert den Stoffwechsel und dieser wiederum den Genesungsprozess. Die Zimmertemperatur ist bei 15°–20° C zu halten. Dies auch bei Nacht, um z.B. Erkältungsrückfälle zu vermeiden. Wenn irgendmöglich keine Schlafmittel oder Narkotika einnehmen.

Siebtes Kapitel

Hinweise zur Anwendung und Dosierung der Nährsalze

Anwendung und Dosierung der Nährsalze

Wie werden Nährsalze und Salben angewendet und dosiert?

Bei akuten Erkrankungen, die in der Regel einen starken Verbrauch an Nährsalzen aufweisen, empfiehlt es sich:

a) alle 5 Minuten bis stündlich 1 Tablette

b) bei chronischen Verlaufsformen von Krankheiten und Leiden stündlich 1 Tablette, oder bei Besserung 3 x täglich 2 Tabletten

c) bei grossen Schwächezuständen empfiehlt sich eine täglich häufige Einnahme von je 1-2 Tabletten.

Auch bei weniger aggressiven und mehr ins Chronische tendierenden Erkrankungen ist eine häufige Einnahme des entsprechendens Salzes oft angebracht. Dadurch können sich die betreffenden Zellverbände besser regenerieren, was zu einem schnelleren Heilungsprozess führt und die Zellen widerstandsfähiger macht.

Es kann durchaus vorkommen, dass durch die Einnahme der vom Krankheitsbild bedingten Nährsalze anfänglich die Beschwerden noch stärker auftreten können. Dies aber kann meist als durchaus gutes Zeichen gedeutet werden – die Zellen reagieren – es tut sich etwas. Es versteht sich von selbst, dass in gefährlichen und schwierigen Fällen immer ein Arzt beizuziehen ist!!!

Nach welchen Kriterien wählt man das entsprechende Nährsalz?

1.) a) Nach den Angaben in der Rubrik, wo die Salze beschrieben sind
b) sowie dem Teil dieses Kompendiums, wo die häufigsten Krankheitsformen aufgeführt sind mit dem jeweiligen Hinweis, welches Nährsalz oder welche Nährsalze am geeignetsten sind.

2.) Je nach Diagnose der Krankheit. Ebenfalls im Teil «Häufigste Krankheitsform» nachschlagen.

Man kann zwischen zwei möglichen Einnahmeformen wählen:

1. Trockeneinnahme

Wer sich für die Trockeneinnahme entscheidet, nimmt 1 bis 2 Tabletten des entsprechenden Nährsalzes in den Mund und lässt diese langsam zergehen. Nicht gleich schlucken. Durch längeres Im-Mund-behalten können nämlich die Salze direkt über die Mundschleimhäute der Blutbahn zugeführt werden.

2. Als Lösung

Diese Einnahmeform empfiehlt sich vor allem für Fieberkranke. Sie kann aber durchaus auch in Fällen angewandt werden, bei denen durch sehr lange Einnahme von trockenen Tabletten eine Abneigung und Widerwillen entstanden ist.

Bei dieser Einnahmeart löst man 1 bis 2 Tabletten in etwa einem Teelöffel gekochtem Wasser auf. Diese Lösung in den Mund nehmen, ein paar Sekunden warten, dann schlucken.
Hinweis:
Beim Benutzen eines Löffels keinen Metall-Löffel sondern einen Holz- oder Kuststoff-Löffel verwenden.

3. Heisse Lösung

Diese Einnahmeart regt den Heilungsprozess vermehrt an. Zudem wird so eine Art Depot geschaffen.
Eine heisse Nährsalzlösung wird folgendermassen zubereitet:
5 bis 10 Tabletten werden in zwei bis drei Esslöffeln gekochtem, heissem Wasser aufgelöst. Diese Lösung wird dann in kleinen Schlucken eingeschlürft, dabei wird jedesmal die ganze Mundschleimhaut erwärmt und erst dann geschluckt. Durch die Erwärmung wird die Schleimhaut besser durchblutet, was eine intensivere Aufnahme der Salze ermöglicht.

Sind mehrere Mittel angezeigt, sollte man diese nicht alle miteinander mixen, sondern einzeln mit Zwischenpausen von mindestens 15 Minuten einnehmen, da jedes Mittel zum anderen in einem gewissen Gegensatz steht und so eine gemeinsame Einnahme die Wirkung hemmen könnte. *Hinweis:* Beim Benutzen eines Löffels keinen Metall-Löffel sondern einen Holz- oder Kuststoff-Löffel verwenden.

Äusserlicher Anwendungsbereich der Nährsalze

Äusserlich können Nährsalze als Wickel, Salben oder Bäder zur Anwendung gebracht werden.

Für Wickel löst man 10–20 Tabletten – je nach Grösse des Wickels – in gerade soviel gekochtem Wasser auf wie es nötig ist. Für Wickel können auch Salben aufgetragen werden. Die Salben sind in der Regel alle in der Potenz D6 erhältlich.

Salben können fertig gekauft werden. Nach Dr. Schüssler können sie immer dort sinngemäss eingesetzt und verwendet werden, wo ein entsprechendes Nährsalz innerlich eingenommen wird. Die Poren der Haut sind durchaus in der Lage, die in feinster molekularer Verteilung befindlichen Nährsalze aufzunehmen. Dadurch kann mit einem reizlosen Salbensubstanzträger bei äusseren Schädigungen eine hervorragende Wirkung erzielt werden.

Bei Verwendung von Salben sollte man äusserst genau auf Sauberkeit achten. Eine Wunde darf nie mit unsauberem Material in Berührung kommen. Bevor Salbe auf- oder neu aufgetragen wird, sollte die Stelle mit körperwarmem Wasser und sauberer Watte gereinigt werden. Wo Verbände erforderlich sind, sollten auch diese erneuert werden.

Wichtig!

Vor jeder Mittelwahl empfiehlt es sich, die in Frage kommenden Mittel-beschreibungen der entsprechenden Salze nochmals durchzulesen, um die Salze möglichst genau und gezielt einsetzen zu können. Prophylaktisch, d.h. um eine Folgekrankheit zu verhindern, dies beson-ders nach schweren Infektionskrankheiten, nimmt man von Vorteil noch einige Zeit täglich 3 mal 1 Tablette Nr. 5: Kalium phosphoricum ein.

Selbstverständlich ist bei schweren Erkrankungen, z.B. starkes Fieber, lange anhaltendes Fieber, öfteres Erbrechen, grosse Schwächen, ver-dächtige Ausschläge, starke Schmerzen wie Krämpfe und ähnliche Begebenheiten, sofort ein Arzt beizuziehen.

Haltbarkeit der Schüssler Tabletten:

Bei trockener und geruchfreier Aufbewahrung sind die Tabletten unbe-schränkt haltbar.

Achtes Kapitel

Handbuch zu den verschiedensten Krankheitsformen, der dazu empfohlenen Mittelwahl und Mittelkombination

Verzeichnis

nach Symptomen und Krankheitsformen und der dazu empfohlenen Mittelwahl und Mittelkombination

Auf den folgenden Seiten finden Sie in alphabetischer Reihenfolge Symptome und Krankheitsbezeichnungen unterteilt nach Überbegriffen (z. B. Altersheilkunde, Gynäkologie usf.). Rechts stehen jeweils die dazu empfohlenen biochemischen Mineralsalze.
Sind mehrere Mittel zu einem Syptom aufgeführt, gilt das erste Salz als «Hauptmittel»., die weiteren aufgeführten biochemischen Salze gelten als Kombinationsmittel.

Oft sind weitere Angaben zur möglichen Behandlung mitaufgeführt.

Bewusst werden gewisse Symptome mit gebräuchlichen (nach heutiger medizinischer Terminologie veralteten) Begriffen erwähnt. Die Bezeichnungen sollen auch den Laien und dem Leser, der mit dem «kleinen Ratgeber von HAZET» (der durch dieses Kompendium ersetzt wird) vertraut war, verständlich sein.

Zugunsten eines raschen Zugriffs sind verschiedene Symptome unter mehreren Überbegriffen aufgeführt. Auf Hinweise wie «siehe unter…» konnte somit verzichtet werden.

Altersheilkunde - Geriatrie

Arterienverkalkung
Arteriosklerose

Nr. 1: Calcium fluoratum
Nr. 11: Silicea
längere Zeit einnehmen
Nr. 3: Ferrum phosphoricum
reizarme Kost
alle blutverdickenden Genussmittel meiden (Nikotin, Alkohol,
Kaffee, Schwarztee etc.)

Afterschliessmuskelschwäche

Nr. 5: Kalium phosphoricum
Nr. 3: Ferrum phosphoricum
Nr. 1: Calcium fluoratum

Vorzeitiges Altern
Frühes Altern der Haut
Gegen Versteifung des
elastischen Gewebes
Gegen Einschrumpfung des
Bindegewebes

Gegen Herz- und
Nervenschwäche

Nr. 1: Calcium fluoratum

Nr. 11: Silicea

Nr. 5: Kalium phosphoricum
von allen täglich 3–6 mal
2 Tabletten über längere Zeit
einnehmen, wirkt nebenbei
ausgleichend auf das
Säure-Basengleichgewicht

Altersbrand Gangraena arteriosclerotica	Nr. 5: Kalium phosphoricum stündlich 1 Tablette, während der ersten 3 Tage sogar 1/4 Std. 1 Tablette nach guter Wirkung weiterhin 4–8 mal täglich die 3 Salze gegen vorzeitiges Altern einnehmen: Nr. 2: Calcium phosphoricum Nr. 11: Silicea Nr. 5: Kalium phosphoricum auch Bäder und warme Wickel mit Nr. 5: Kalium phosphoricum
Ameisenlaufen	Nr. 2: Calcium phosphoricum Nr. 7: Magnesium phosphoricum Nr. 9: Natrium phosphoricum
Atem übelriechend	Nr. 5: Kalium phosphoricum halbstündlich 1 Tablette Zähne nachsehen lassen
Augenschwäche ➜ Arzt konsultieren!	Nr. 5: Kalium phosphoricum abwechselnd mit Nr. 8: Natrium chloratum
Bauchwassersucht Leber, Niere, Milz, Herz und die Bauchspeicheldrüse sind meist mitbeteiligt.	Nr. 5: Kalium phosphoricum Nr. 10: Natrium sulfuricum Nr. 8: Natrium chloratum Nr. 1: Calcium fluoratum Nr. 11: Silicea kochsalzarme Nahrung

Offene Beine

salzarme Kost
Bierhefe-Kur
Nr. 11: Silicea
Nr. 5: Kalium phosphoricum
Nr. 10: Natrium sulfuricum
Nr. 2: Calcium phosphoricum
Behandlung der Wunde:Wunde
reinhalten mit Leinenlappen,
getränkt mit Mandelöl dazu
Nr. 11: Silicea-Salbe auf einen Lei-
nenlappen auflegen, 2 mal täglich
bei Verhärtung:
Nr. 1: Calcium fluoratum-Salbe
oder bei erneuter Entzündung
wechselweise
Nr. 11: Silicea-Salbe und
Nr. 3: Ferrum phosphoricum-
Salbe applizieren

**Blasenschliessmuskel-
schwäche**

Nr. 5: Kalium phosphoricum
Nr. 3: Ferrum phosphoricum
Nr. 10: Natrium sulfuricum

Blutandrang nach dem Kopf
→ Arzt konsultieren

Nr. 3: Ferrum phosphoricum
längere Zeit einnehmen
bei Anhalten heisse Wadenwickel
oder heisse Fussbäder

Hämorrhoiden
→ Arzt konsultieren

Nr. 1: Calcium fluoratum
Nr. 3: Ferrum phosphoricum
täglich 3 mal 2 Tabletten
und/oder Salbe auftragen

Hoher Blutdruck	Nr. 1: Calcium fluoratum Nr. 11: Silicea längere Zeit einnehmen Nr. 3: Ferrum phosphoricum reizarme Kost,vermeiden von blut- verdickenden Genussmitteln
Blutleere im Kopf Verkrampfung der Kopfarterien	flach liegen, heisse Nr. 7: Magnesium phosphoricum- Lösung
Blutungen äussere	Nr. 3: Ferrum phosphoricum auch als Puder auftragen oder Sal- benverband anlegen
Engbrüstigkeit Attacken oft mit Blasswerden, kal- tem Schweiss, Angst Puls meist schwach und rasch Ursache: Schlechte Ernährung des Herzens durch Verkalkung der Herzarterien oder nervöse Ver- krampfung derselben	bei Attacke heisse Nr. 7: Magnesium phosphoricum- Lösung, wenn nötig alle 1/2 Stun- den wiederholen, sonst 6 x täglich Nr. 5: Kalium phosphoricum abwechselnd mit Nr. 7: Magnesium phosphoricum
Gedächtnisschwäche	Nr. 5: Kalium phosphoricum Tiefenatmung im Alter: Nr. 2: Calcium phosphoricum Nr. 11: Silicea Nr. 5: Kalium phosphoricum
Gefässerweiterung	Nr. 1: Calcium fluoratum für längere Zeit einnehmen Nr. 3: Ferrum phosphoricum Nr. 5: Kalium phosphoricum Nr. 3+5 auch Salbe einreiben

Gesichtslähmung Facialislähmung meist einseitig	Nr. 5: Kalium phosphoricum Nr. 8: Natrium chloratum Nr. 11: Silicea
Herzschwäche	Nr. 5: Kalium phosphoricum Nr. 8: Natrium chloratum
Krampfadern Varizen	Nr. 1: Calcium fluoratum Nr. 3: Ferrum phosphoricum längere Zeit 4 mal täglich 2 Tabletten wechselweise einnehmen beide Salze auch als Salbe einreiben
Lageveränderung der inneren Organe	Nr. 1: Calcium fluoratum Nr. 11: Silicea Nr. 2: Calcium phosphoricum über längere Zeit einnehmen
Lähmungen → Arzt konsultieren!	Nr. 5: Kalium phosphoricum stündlich über längere Zeit einnehmen Massagen mit Nr. 5: Kalium phosphoricum-Salbe
Schüttellähmungen Parkinsonismus	Nr. 7: Magnesium phosphoricum Nr. 5: Kalium phosphoricum abwechselnd einnehmen
Nach Schlaganfall	Nr. 3: Ferrum phosphoricum Nr. 1: Calcium fluoratum Nr. 11: Silicea evtl. Nr. 5: Kalium phosphoricum über längere zeit einnehmen

Lungenbläschenerweiterung (Lungenemphysem)	Nr. 1: Calcium fluoratum über längere Zeit einnehmen
Magenerweiterung **Magensenkung**	Nr. 1: Calcium fluoratum über längere Zeit einnehmen
Mundfäule	Nr. 3: Ferrum phosphoricum Nr. 5: Kalium phosphoricum halbstündlich 1 Tablette ein- nehmen, Spülungen mit Nr. 5: Kalium phosphoricum- Lösung
Nervenschwäche Neurasthenie	Nr. 5: Kalium phosphoricum Nr. 7: Magnesium phosphoricum Nr. 2: Calcium phosphoricum Ruhe, warme Frottierungen mit kühlen Nachwaschungen Tiefenatmung viel Bewegung an frischer Luft
Oedeme im Gesicht (wassersüchtige Schwellungen) Steht meist im Zusammenhang mit Nierenentzündungen An den Beinen Druckspuren Bei beginnender Wassersucht → Arzt konsultieren! Meist sind dabei Herz, Nieren, Leber, Milz und Pankreas (Bauch- speicheldrüse) mitbeteiligt	kochsalzarme bis kochsalzlose Diät Nr. 5: Kalium phosphoricum Nr. 10: Natrium sulfuricum Nr. 8: Natrium chloratum Nr. 1: Calcium fluoratum Nr. 11: Silicea vorwiegend vegetarische Kost

Schlaflosigkeit	Nr. 5: Kalium phosphoricum stündlich 1 Tablette vor dem Schlafengehen warme Nr. 5: Kalium phosphoricum- Lösung, bei Blutandrang: Nr. 3: Ferrum phosphoricum, stündlich 1 Tablette evtl. heisse Fusswickel
Schlaganfall → sofort Arzt rufen! Körper flach lagern, mit erhöhtem Oberkörper Beengende Kleidung entfernen Hände und Füsse warm ein- packen	anfangs Nr. 3: Ferrum phosphoricum öfters einnehmen in flüssiger Form (in einem Teelöffel heissem Wasser aufgelöst) Nr. 2: Calcium phosphoricum alle 2 Stunden zur Vorbeugung weiterer Attacken: Nr. 2: Calcium phosphoricum Nr. 11: Silicea
Zum Abbauen von Ergüssen	Nr. 3: Ferrum phosphoricum Nr. 11: Silicea Nr. 2: Calcium phosphoricum Nr. 5: Kalium phosphoricum
Schwerhörigkeit → Arzt konsultieren	Nr. 5: Kalium phosphoricum über längere Zeit
Schwindel	heisse Nr. 7: Magnesium phosphoricum- Lösung, (5–10 Tabletten in wenig Wasser auflösen, etwa 2 Esslöffel heisses Wasser)

Stauungen (Blähungen)	Nr. 5: Kalium phosphoricum Nr. 10: Natrium sulfuricum Nr. 1: Calcium fluoratum
Überanstrengung, Übermüdung geistig	Nr. 5: Kalium phosphoricum am besten als Lösung evtl. alle 1/2 Stunden wiederholen
körperlich	Nr. 3: Ferrum phosphoricum öfters, ergänzt durch Nr. 7: Magnesium phosphoricum- Lösung
Verhärtungen	Nr. 1: Calcium fluoratum feuchte Umschläge mit Nr. 1: Calcium fluoratum oder Nr. 1: Calcium fluoratum-Salbe zusätzliche Mittel: Nr. 11: Silicea
Wallungen zum Kopf aufsteigend	Nr. 3: Ferrum phosphoricum über längere Zeit einnehmen in der Attacke evtl. heisse Waden- wickel oder heisse Fussbäder
Wanderniere	Nr. 1: Calcium fluoratum Haupt- mittel Nr. 1: Calcium fluoratum und Nr. 11: Silicea

Wassersucht
→ Arzt konsultieren!

Nr. 5: Kalium phosphoricum zur Herzstärkung
Nr. 10: Natrium sulfuricum zur Wasserabscheidung: kochsalzarme bis kochsalzlose Diät vorzugsweise vegetarische Kost Rohkost zur Entlastung von Herz und Niere

Atmungsorgane:
Nase, Hals, Bronchien, Lungen

Aphten (Mundfäule)

Nr. 5: Kalium phosphoricum
Nr. 3: Ferrum phosphoricum
halbstündlich 1 Tablette nehmen
Spülungen mit
Nr. 5: Kalium phosphoricum-Lösung

Angina (Halsentzündung)
→ Arzt konsultieren!
Halsentzündungen nicht leicht
nehmen

Nr. 3: Ferrum phosphoricum
reichlich
Nr. 5: Kalium phosphoricum
bei weissem Belag:
Nr. 5: Kalium phosphoricum
abwechselnd mit
Nr. 3: Ferrum phosphoricum

bei Fieber

Nr. 5: Kalium phosphoricum
reichlich
nach Abklingen der Entzündung
noch einige Tage 2–3 Tabletten
Nr. 5: Kalium phosphoricum
nehmen

Achtung:
Diphterie oder Diphterieverdacht
→ Arzt konsultieren!

Asthma
bei Lungenerweiterung

Nr. 1: Calcium fluoratum
Nr. 11: Silicea
Nr. 5: Kalium phosphoricum

bei Krampfanfall

heisse
Nr. 7: Magnesium phophoricum-
Lösung, bewusstes Bauchatmen

bei Verschleimung

Nr. 4: Kalium chloratum
Nr. 6: Kalium sulfuricum
Nr. 5: Kalium phosphoricum

Atembeschwerden	Nr. 3: Ferrum phosphoricum
	Nr. 6: Kalium sulfuricum
	Nr. 7: Magnesium phosphoricum
	Entspannungstraining:
	Mentale Enspannungsübungen
	Körperentspannung
	Muskeltraining
	Yoga
	Autogenes Training
Atembehinderung durch Stechen in der Brust → Arzt konsultieren!	
Übelriechender Atem	Nr. 5: Kalium phosphoricum halbstündlich Zähne nachsehen lassen
Auswurf zäh, glasig, schleimig, faden-ziehend	Nr. 5: Kalium phosphoricum
hell, wässrig oder schaumig, schleimig, blasig	Nr. 8: Natrium chloratum
eiterig	Nr. 11: Silicea Nr. 9: Natrium phosphoricum Nr. 5: Kalium phosphoricum
gelblich, grünlich, flüssig	Nr. 10: Natrium sulfuricum
gelb bis bräunlich, schleimig	Nr. 6: Kalium sulfuricum
eiweisshaltig	Nr. 2: Calcium phosphoricum

stinkend, schmierig	Nr. 5: Kalium phosphoricum
wundmachend	Nr. 8: Natrium chloratum
Bronchialkatarrh akut	Nr. 3: Ferrum phosphoricum öfters einnehmen
chronisch	Nr. 5: Kalium phosphoricum Nr. 4: Kalium chloratum zum Lösen 6–8 mal täglich
Gaumenmandeln chronisch geschwollen	Nr. 4: Kalium chloratum Nr. 8: Natrium chloratum Nr. 6: Kalium sulfuricum
Vorbeugung nach Erkältung	Nr. 3: Ferrum phosphoricum
bei höherem Fieber mit Schweiss	Nr. 5: Kalium phosphoricum dazu Nr. 5: Kalium phosphoricum und Nr. 3: Ferrum phosphoricum stündlich 1 Tablette völlige Ruhe
warm-wässerig	Nr. 5: Kalium phosphoricum stündlich oder noch häufiger, je nach Fieber alle 2 Std. Nr. 4: Kalium chloratum und Nr. 2: Calcium phosphoricum
bei infektiöser Eiterung	Nr. 5: Kalium phosphoricum län- gere Zeit einnehmen zusätzlich kann Nr. 11: Silicea und Nr. 9: Natrium phosphoricum ein- genommen werden

Heiserkeit
akut

Nr. 3: Ferrum phosphoricum
öfters einnehmen
zusätzlich:
Nr. 4: Kalium chloratum
Nr. 5: Kalium phosphoricum

chronisch
→ Arzt konsultieren!
Verdacht auf ein ernsthaftes Kehlkopfleiden

nervösen Ursprungs

Nr. 5: Kalium phosphoricum
Nr. 7: Magnesium phosphoricum

Katarrh
entzündliche Erkrankung der serösen Häute und der Schleimhäute,
besonders der Schleimhäute der
Luftwege, des Mundes und des
Magen-Darm-Traktes

im Anfangsentzündungsstadium:

Nr. 3: Ferrum phosphoricum

zweites Stadium:
Fibrinöse Ausscheidung

Nr. 4: Kalium chloratum
abwechselnd mit
Nr. 3: Ferrum phosphoricum
Nr. 6: Kalium sulfuricum bei
Abklingen der Entzündung

chronischer Zustand

Nr. 4: Kalium chloratum und
Nr. 6: Kalium sulfuricum evtl.
noch
Nr. 2: Calcium phosphoricum

Keuchhusten

erstes Stadium:
meist gewöhnlicher Husten
1–2 Wochen lang Heiserkeit,
Schnupfen

Nr. 3: Ferrum phosphoricum in
häufiger Gabe

zweites Stadium:
Anfälle von Krampfhusten
(Keuchhusten)

Nr. 3: Ferrum phosphoricum
abwechselnd mit
Nr. 7: Magnesium phosphoricum
plus tägl. 4 mal eine Tablette
Nr. 5: Kalium phosphoricum

Kieferhöhleneiterung
Ursache:
Infektion durch Zähne, Mittelohr-
entzündungen, Katarrh der oberen
Luftwege

Nr. 5: Kalium phosphoricum
Nr. 11: Silicea
über einige Wochen öfters
einnehmen zusätzlich kann
Nr. 1: Calcium fluoratum eingenommen werden

Kropf
bei Jugendlichen meist weich und
gleichmässig
beruht meist auf Jodmangel

Nr. 15 Kalium Jodatum
tägl. 3 Tabletten

Basedowsche Krankheit
(Glotzaugen)
→ Arzt konsultieren!
Überfunktion der Schilddrüse
stark erhöhter Puls

Nr. 5: Kalium phosphoricum
abwechselnd mit
Nr. 1: Calcium fluoratum
Nr. 7: Magnesium phosphoricum
vegetarische Kost
Genussgifte vermeiden

Steinkropf (hart) ergibt sich aus der jugendlichen Form heraus	Nr. 1: Calcium fluoratum und Nr. 11: Silicea täglich einige Tabletten zusätzlich: Nr. 15: Kalium Jodatum Nr. 22: Calc. carb.
durch Schwangerschaft bei normalem Puls Jodmangel	4 mal täglich Nr. 15: Kalium Jodatum
Lungenblutungen → sofort Arzt konsultieren!	strenge Ruhe Nr. 3: Ferrum phosphoricum alle 3 Min. in Lösung
Lungenentzündung → sofort Arzt konsultieren! Kruppöse Lungenentzündung tritt unvermittelt auf mit hohem Fieber Schüttelfrost oft mit Stechen auf Brust und Lungen mit rosafarbenem Auswurf	Nr. 5: Kalium phosphoricum in Lösung alle 3–5 Min. laue Wickel mit Nr. 5: Kalium phosphoricum Wickel von 1/2 Std., danach 1/2 Std. ruhen, danach wieder Wickel von 1/2 Std. Wickel machen solange nötig
Nach Rückgang des hohen und schwächenden Fiebers	reichlich Nr. 5: Kalium phosphoricum Nr. 4: Kalium chloratum Nr. 3: Ferrum phosphoricum Nr. 6: Kalium sulfuricum können als zusätzliche Mittel verwendet werden
Katarrhalischer Zustand	gleich wie oben

kann sich im Anschluss an eine
andere Infektionskrankheit entwickeln z.B. nach einer Grippe
oder einem Bronchial-Katarrh

Mit Husten, der sich schwer löst Rasseln auf der Brust	Nr. 8: Natrium chloratum nach Absonderung Nr. 4: Kalium chloratum Nr. 6: Kalium sulfuricum
In Rekonvaleszenz	Nr. 2: Calcium phosphoricum als Aufbausalz zusätzlich können Nr. 5: Kalium phosphoricum und Nr. 3: Ferrum phosphoricum bis zur völligen Genesung täglich ein- genommen werden
Lungenbläschenerweiterung (Lungenemphysem)	Nr. 1: Calcium fluoratum abwech- selnd mit Nr. 11: Silicea über längere Zeit
Nasenbluten	Nr. 3: Ferrum phosphoricum alle 3 Min. Einschnupfen von Nr. 3: Ferrum phosphoricum- Lösung, Einstreichen von Nr. 3: Ferrum phosphoricum-Salbe
vollblütiges	Nr. 1: Calcium fluoratum Nr. 11: Silicea
bei schwächlichen Personen Verdacht auf Brust- oder Rippen- fellentzündung Pleuritis	Nr. 2: Calcium phosphoricum län- gere Zeit einnehmen

Sauerstoffmangel
erkenntlich durch blau-rote Lippen
→ sofort Arzt konsultieren!

Nr. 6: Kalium sulfuricum
Tiefenatemübungen

Schleimhäute, trockene
mit brennendem, juckendem
Schmerz, besonders der Nase, der
Bronchien, des Mundes und des
Magen-Darm-Traktes

20 Tabletten
Nr. 3: Ferrum phosphoricum eine
nach der andern alle 3–5 Min. einnehmen evtl. Nasenspülung mit
körperwarmer
Nr. 3: Ferrum phosphoricum-
Lösung, der man ein nadelkopfgrosses Kochsalzkorn beigibt
auch
Nr. 3: Ferrum phosphoricum-
Salbe und
Nr. 4: Kalium chloratum-Salbe leisten gute Dienste. Genussgifte wie
Nikotin oder Alkohol einschränken oder ganz weglassen

Stinknase
infektiös, geschwürige Nasenent-
zündung
→ Arzt konsultieren!

Nr. 5: Kalium phosphoricum
Nr. 11: Silicea halbstündlich bis
stündlich 1 Tablette längere Zeit
auch warme Spülungen mit
Nr. 5: Kalium phosphoricum und
Nr. 11: Silicea
bei Verhärtung
Nr. 1: Calcium fluoratum

Stirnhöhlenkatarrh

Nr. 5: Kalium phosphoricum und
Nr. 11: Silicea
1. Tag:
1/4 bis 1/2-stündlich, dann stündlich über längere Zeit vor dem
Schlafengehen eine Lösung von
1 g. in zwei Esslöffeln Wasser
schluckweise trinken
warme Nasenspülung mit
Nr. 5: Kalium phosphoricum
Nr. 1: Calcium fluoratum
Nr. 8: Natrium chloratum
Nr. 4: Kalium chloratum
alle Salze können auch als Salbe
oder Puder benützt werden

Zwerchfellentzündung,
Rippenfellentzündung
Pleuritis
→ Arzt konsultieren!

im ersten Fieberstadium reichlich
Nr. 3: Ferrum phosphoricum
dazu halbstündlich
Nr. 5: Kalium phosphoricum
zusätzlich stündlich
Nr. 4: Kalium chloratum
bei hohem Fieber mit Schweiss:
Nr. 5 : Kalium phosphoricum
(Hauptmittel) häufig einnehmen
dazu:
Nr. 4: Kalium chloratum und
Nr. 3: Ferrum phosphoricum
stündlich
Wärme, Ruhe

Rippenfellschwarte

Verwachsung nach schlecht ver-
heilten Rippenfellentzündungen

Nr. 1: Calcium fluoratum
alle 3 Std. 1 Tablette
Nr. 1: Calcium fluoratum-Salbe
einmassieren
Zusätzliche Mittel:
Nr. 11: Silicea
Nr. 4: Kalium chloratum
Nr. 2: Calcium phosphoricum

Sinnesorgane: Das Auge

Augenerkrankungen
→ immer Arzt konsultieren!
bei Entzündung
Augenerkrankungen können im
Zusammenhang mit Nieren-
erkrankungen auftreten
abklären lassen!

Nr. 3: Ferrum phosphoricum
öfter einnehmen
Auf Augenlider:
Nr. 3: Ferrum phosphoricum-
Salbe

Augenflimmern
→ Arzt konsultieren!

Nr. 5: Kalium phosphoricum
Nr. 7 : Magnesium phosphoricum
Nr. 11: Silicea

Augenschwäche
→ Arzt konsultieren!

Nr. 5: Kalium phosphoricum
abwechselnd mit
Nr. 8: Natrium chloratum

Trockene Augen
sandig
→ Arzt konsultieren!

Nr. 8: Natrium chloratum

mit schwer zu entfernendem
Fremdkörper

Kopf in ein Becken mit lauwarmem Wasser halten und Augenlider bewegen

verklebte Augen nach dem
Erwachen

Nr. 4: Kalium chloratum
Nr. 6: Kalium sulfuricum
Nr. 9: Natrium phosphoricum
Nr. 11: Silicea
auch als Salbe anwendbar

Trübung der Hornhaut
→ Arzt konsultieren!
bei Eiterbildung
um Narben zu verhindern

Nr. 4: Kalium chloratum
Nr. 8: Natrium chloratum
Nr. 11: Silicea
Nr. 1: Calcium fluoratum
kochsalzarme Diät

Trübung der Linse
→ Arzt konsultieren!

Star
Grauer Star:
→ Arzt konsultieren!
Ursache: Alterserscheinung,
Zuckerkrankheit, andere Augen-
krankheiten
kann nur in seinem Anfangs-
stadium aufgehalten werden

Morgens und abends je 1 Tabl.
Nr. 1: Calcium fluoratum und
Nr. 11: Silicea
dazwischen 4 x täglich
Nr. 4: Kalium chloratum und
Nr. 8: Natrium chloratum
kochsalzarme Diät

Grüner Star:
→ Arzt konsultieren!
Er hat seinen Namen daher, weil
die Pupille eine grünliche Schim-
merung annimmt.
Der Augapfel wird gespannt, hart.
Ursache: Stauung der Augenflüssigkeit durch Verstopfung des
Abflusses
Eine Operation macht den Weg
für die Augenflüssigkeit wieder
frei (bei der Operation wird ein
kleines Stück der Regenbogenhaut herausgeschnitten).

salzarm essen
wenn möglich keine Genuss-
mittelgifte
keine zu starken Gewürze
Nr. 3: Ferrum phosphoricum
Nr. 4: Kalium chloratum
Nr. 8: Natrium chloratum

Trübung der Linse nach unter-
drücktem Fussschweiss

Nr. 11: Silicea

Bewegungsapparat: Knochen, Gelenke, Muskeln, Sehnen, Bänder

Arthritis, Arthrosis deformans
Die verdickte Gelenkschmiere setzt sich an den Rändern der Gelenkkapseln fest und kann dadurch deren Oberfläche zerstören.Dadurch wird die Gelenkbewegung immer mehr eingeengt, bis hin zur Bewegungslosigkeit.

salzarme Diät
Nr. 4: Kalium chloratum über längere Zeit
auch als Salbe anwenden
Gelenke bewegen, Schmerzpunkt suchen
dadurch kann die Beweglichkeit wieder erlangt werden

Bandscheiben
→ Arzt konsultieren!

Nr. 1: Calcium fluoratum
Nr. 2: Calcium phosphoricum
Nr. 8: Natrium chloratum
täglich 3 x 2 Tabletten

Englische Krankheit

Nr. 2: Calcium phosphoricum
Nr. 1: Calcium fluoratum D6
Nr. 5: Kalium phosphoricum
Nr. 9: Natrium phosphoricum
vitaminreiche Nahrung
beim Kleinkind oft Vitamin-C-Mangel

Gelenksentzündung (durch Harnsäureablagerung – siehe Gicht)
durch Infektion
gewöhnlich als Folgekrankheit noch ungenügend ausgeheilter oder durch Medikamente unterdrückter Infektionskrankheiten hervorgerufen
dies besonders nach Grippen und Halsentzündungen

Nr. 5: Kalium phosphoricum
öfters einnehmen
auch als Salbe anwenden
zusätzliche Mittel:
Nr. 3: Ferrum phosphoricum
Nr. 4: Kalium chloratum
Nr. 1: Calcium fluoratum
Nr. 7: Magnesium phosphoricum
Nr. 11: Silicea

Gelenkschmerzen
chronisch
ohne eigentliche Harnsäureab-
lagerungen sind Vergiftungs-
formen z.B. bei Metallarbeitern –
Metallvergiftung

Nr. 6: Kalium sulfuricum häufig
einnehmen über längere Zeit
Nr. 12: Calcium sulfuricum
Schwefelbäderkuren

Rheumatische Form

Gicht
akut

Nr. 3: Ferrum phosphoricum
Nr. 9: Natrium phosphoricum
Nr. 11: Silicea
häufig einnehmen
Wärme
eiweiss- und kochsalzarme Kost
Nr. 9: Natrium phosphoricum-
Umschläge (heiss) oder -Salbe

chronisch

Nr. 9: Natrium phosphoricum
Nr. 11: Silicea
Nr. 1: Calcium fluoratum
Nr. 16: Lithium chloratum
Nr. 9: Natrium phosphoricum-
Salbe
heisse Bäder mit
Nr. 9: Natrium phosphoricum
Lichtbäder
Bewegung, Gymnastik
Tiefenatmung
harnsäurefreie Diät

Hexenschuss

Ursache: meist Ausscheidung von Harnsäure im Rumpfbeugemuskel
Auslöser: Erkältung oder zuviel Kochsalz im Blut

Nr. 3: Ferrum phosphoricum
Nr. 9: Natrium phosphoricum
Nr. 5: Kalium phosphoricum
Wärmeanwendung
Tiefenatmung
kräftige Massage
Bewegung
Bewegen, Schmerzpunkt suchen

Ischias

→ Arzt konsultieren!

Ursachen sehr verschieden: Erkältungen, Überanstrengungen, Schlag oder Druck auf den Hüftnerv durch Unfall, Schwangerschaft oder durch Geschwülste, die auf diesen grössten Nervenstrang drücken, der das ganze Bein versorgt
Stoffwechselgifte können ebenfalls Ursache sein.
Nicht immer ist der Nerv selbst, sondern die Nervenscheide entzündet.
Dem Entzündungsstadium folgen oft seröse Ergüsse, dadurch Verwachsungen, die sehr schmerzhaft sein können.

akutes Stadium
meist mit Fieber

Nr. 3: Ferrum phosphoricum
Nr. 5: Kalium phosphoricum
Nr. 4: Kalium chloratum
Bettruhe
warmhalten

chronisches Stadium	Nr. 1: Calcium fluoratum Nr. 4: Kalium chloratum Nr. 5: Kalium phosphoricum Wärmeanwendung kräftige Massage mit Nr. 1: Calcium fluoratum-Salbe
Schmerzen wandern dem Nerv entlang	Anzeichen für Nr. 4: Kalium chloratum-Mangel
Kniegelenksentzündung nach Überanstrengung	Nr. 3: Ferrum phosphoricum Nr. 4: Kalium chloratum Wärme, Ruhe feucht-heisse Kompressen mit den gelösten Mitteln, oder Nr. 4: Kalium chloratum-Salbe
chronisch	Nr. 1: Calcium fluoratum Nr. 11: Silicea auch als Salbe anwenden Lichtbäder
Kniegeschwulst	Nr. 4: Kalium chloratum Nr. 10: Natrium sulfuricum Wärme, Ruhe
Knochenbrüche → Arzt konsultieren! muss chirurgisch behandelt werden gegen Schmerzen: zur Förderung des Zusammen- wachsens (Kallusbildung)	Nr. 3: Ferrum phosphoricum Nr. 2: Calcium phosphoricum stündlich Nr. 1: Calcium fluoratum alle 3 Std. 1 Tabl.

Knochenentzündung (Ostitis)
→ Arzt konsultieren!
meist eine Folge von Knochen-
haut- oder Knochenmarkentzündung
kann ausarten in Knochenfrass
bei tuberkulöser Form
Arzt konsultieren!

Nr. 2: Calcium phosphoricum
Nr. 1: Calcium fluoratum
zusätzliche Mittel:
Nr. 11: Silicea
bei Infektionen ist
Nr. 5: Kalium phosphoricum und
Nr. 3: Ferrum phosphoricum
reichlich einzunehmen neben
Nr. 1: Calcium fluoratum
kochsalzarme Kost

Knochenhautentzündung
→ Arzt konsultieren!

Nr. 3: Ferrum phosphoricum
Nr. 3: Ferrum phosphoricum-
Salbe oder heisse
Nr. 3: Ferrum phosphoricum-
Umschläge, danach:
Nr. 4: Kalium chloratum

chronische Knochenhaut-
entzündung

Nr. 1: Calcium fluoratum
Nr. 11: Silicea
auch als Salben od. Kompressen

Knochenmarkentzündung
→ Arzt konsultieren!
meist eiterig

Nr. 5: Kalium phosphoricum
stündlich 1 Tabl.

chronische Form

Nr. 1: Calcium fluoratum
Nr. 2: Calcium phosphoricum
Nr. 11: Silicea
längere Zeit 3–5 Tabl. pro Tag
einnehmen

163

Knochenerweichung
bei Schwangerschaft:
starker Mangel an Calcium phosphoricum und Calcium fluoratum

Nr. 2: Calcium phosphoricum und
Nr. 1: Calcium fluoratum
beide Salze sind über längere Zeit einzunehmen

Osteoporose
bei älteren Leuten:
→ Arzt konsultieren!
kann Anzeichen schwerer Erkrankung sein

Nr. 1: Calcium fluoratum
Nr. 11: Silicea
Nr. 5: Kalium phosphoricum
Zusatzmittel:
Nr. 2: Calcium phosphoricum

Kreuzschmerzen
Ursachen können verschiedenster Genese sein
→ Arzt konsultieren!

Nr. 5: Kalium phosphoricum

Lähmungen
→ Arzt konsultieren!
Ursachen berücksichtigen

Hauptmittel gewöhnlich
Nr. 5: Kalium phosphoricum
stündlich 1 Tabl. über längere Zeit
ebenfalls Massage mit
Nr. 5: Kalium phosphoricum-Salbe

Schüttellähmungen
Parkinson

Nr. 7: Magnesium phosphoricum
abwechselnd mit
Nr. 5: Kalium phosphoricum

nach Schlaganfall

Nr. 3: Ferrum phosphoricum
Nr. 1: Calcium fluoratum
Nr. 11: Silicea
Nr. 5: Kalium phosphoricum

Muskelkater	Nr. 3: Ferrum phosphoricum Massage mit Nr. 3: Ferrum phosphoricum-Salbe
Muskelrheuma durch Harnsäure	Nr. 9: Natrium phosphoricum Nr. 3: Ferrum phosphoricum Nr. 11: Silicea
durch Infektion oft einige Zeit nach Grippe, Angina etc. auftretend	Nr. 5: Kalium phosphoricum
Muskelschwund durch Nervenlähmung	Nr. 5: Kalium phosphoricum stündlich 1 Tabl. über längere Zeit Massage mit Nr. 5: Kalium phosphoricum-Salbe zusätzliche Mittel: Nr. 1: Calcium fluoratum Nr. 7: Magnesium phosphoricum Elektrotherapie (Faradisation)
Quetschungen	Nr. 3: Ferrum phosphoricum reichlich, ergänzend mit Nr. 11: Silicea als zusätzlichem Mittel: warme Umschläge mit Nr. 3: Ferrum phosphoricum nach Abklingen der Schmerzen Nr. 5: Kalium phosphoricum
Rachitis mangelnde Knochenbildung	Nr. 2: Calcium phosphoricum Nr. 1: Calcium fluoratum Nr. 5: Kalium phosphoricum Nr. 9: Natrium phosphoricum vitaminreiche Nahrung

Verrenkungen, Gliederverrenkungen → Arzt konsultieren!	Nr. 3: Ferrum phosphoricum reichlich einnehmen auch als Salbe oder Kompressen bei Schwellungen abwechselnd mit Nr. 4: Kalium chloratum,kann ebenfalls als Salbe angewendet werden
Verhärtungen	Nr. 1: Calcium fluoratum auch als feuchte Umschläge mit Nr. 1: Calcium fluoratum oder Salbe zusätzliches Mittel: Nr. 11: Silicea
Verstauchungen des Fusses Bänderzerrungen	Fuss in normaler Stehlage fest einbinden Nr. 3: Ferrum phosphoricum reichlich einnehmen äusserlich Nr. 3: Ferrum phosphoricum-Salbe später Nr. 3: Ferrum phosphoricum abwechselnd mit Nr. 4: Kalium chloratum Massage

Blut

Bleichsucht

→ Arzt konsultieren!
Blutarmut kann verschiedene
Ursachen haben, die die Blutbil-
dung stören. Innere und äussere
Blutverluste, Infektions- und Stoff-
wechselgifte (Auto-Intoxikation),
Darmparasiten, Depressionen,
Erkrankung der blutbildenden
Organe

Es können alle Nährsalze in Frage
kommen, je nach Diagnose des
Arztes
Besonders aber:
Nr. 2: Calcium phosphoricum
Nr. 8: Natrium chloratum
Nr. 3: Ferrum phosphoricum
Nr. 5: Kalium phosphoricum

Blutandrang

nach dem Kopf

Nr. 3: Ferrum phosphoricum längere Zeit einnehmen
bei Anfällen: heisse Wadenwickel
oder Fussbäder

Blutergüsse

ins Gewebe

Nr. 3: Ferrum phosphoricum
Nr. 4: Kalium chloratum
Nr. 11: Silicea
Nr. 2: Calcium phosphoricum

Blutdruck

bei erhöhtem Blutdruck – Hypertonie – arteriosklerotisch

Nr. 1: Calcium fluoratum
Nr. 15:Kalium Jodatum

bei Blutunterdruck – Hypotonie

Nr. 3: Ferrum phosphoricum
6 mal tägl. 2 Tabletten

Blutleere im Kopf

Ursache: meist Verkrampfung der
Kopfarterien – flach liegen

heisse
Nr. 7: Magnesium phosphoricum-
Lösung

Blutung
äusserlich

Nr. 3: Ferrum phosphoricum auch
aufstreuen als Pulver

innere Blutungen
→ Arzt konsultieren!

Nr. 3: Ferrum phosphoricum
Nr. 5: Kalium phosphoricum

Blutvergiftung – Sepsis
→ unbedingt Arzt konsultieren!
meist mit hohem Fieber und gerö-
teten Lymphbahnen verbunden

Nr. 5: Kalium phosphoricum
häufig einnehmen, d.h. alle 5 Min.
2–4 Tabletten in 1/2 Kaffeelöffel
warmem Wasser gelöst. Ebenso
körperwarme Kompressen, Wickel
oder Bäder mit
Nr. 5: Kalium phosphoricum-Lösung
Bei Krämpfen
Nr. 7: Magnesium phosphoricum
abwechselnd mit
Nr. 5: Kalium phosphoricum

Verschlacktes Blut
Erkannt werden kann dies u.a. an
den Fingernägeln, die statt rot
durchscheinend schmutzig-violett
bis schmutzig-grau und bräunlich
sind. Der Nagelmond ist nicht
mehr rein weiss, sondern schmut-
zig verfärbt.
Ursache: meist Stoffe, die das Blut
aus dem verstopften Darm aufnehmen muss. Aber auch hervorgerufen durch Genussmittelmiss-
brauch (Nikotin, Alkohol etc.)
sowie Missbrauch von Schlafmit-
teln und Schmerzmitteln.

Zu hoher Cholesterinspiegel

Nr. 7: Magnesium phosphoricim

Diabetes

Es existieren zwei verschiedene Diabetes-Formen:

a) Diabetes insipidus (Polyurie, Wasserharnruhr)

Wassseraufnahme und Wasserabgabe (Diurese) liegen bei 10-20 Litern pro Tag.

Ursache: Mangel an antidiuretischen Hormonen wie ADH, Vasopressin, Oktopeptid. Diese werden im hyperthalamischen System des Gehirns von speziell dafür geschaffenen Zellen produziert und sezerniert. Sie steuern den Wasserhaushalt im Organismus – zusammen mit den Nieren.

Die Behandlung von Diabetes insipidus gehört ausschliesslich in die Hand eines dafür spezialisierten Arztes!!!

b) Diabetes mellitus (mellitus = Honig, süss)

Das ist die weitaus bekanntere Form. Auch bekannt unter dem Begriff Zuckerkrankheit.

Wie der Begriff zum Ausdruck
bringt, handelt es sich hier um
einen zu hohen Zuckerspiegel im
Blut.

Die typischen Symptome des Diabetes mellitus (Zuckerkrankheit)
sind Hypoglykämie (erhöhte Blutzuckerwerte, zuviel Zucker im
Blut)

Dies verursacht:

Polyurie (grosse Mengen an Harn
werden ausgeschieden)
übermässiger Durst
Gewichtsverlust trotz genügender
Nahrungsaufnahme - manchmal
sogar übermässigen (Polyphagie)
Mattigkeit, Schlappheit,
Energielosigkeit
Neigung zu Hautkrankheiten wie
Ekzeme, Puritus, Furunkulose,
schlecht heilende Wunden
Potenzstörungen
Menstruationsstörungen
chronische Harnweginfektionen
Wadenkrämpfe
Ausfälle bestimmter Reflexe
(Areflexie)
Verhaltensstörungen, iatrogene
Neurosen, asoziales Verhalten
Selbstvertrauensverlust, Angst,

Wut, Verärgerung, Neid, Trauer,
Grössenphantasien
oft übertriebene einseitige geistige
Ueberlastung, wie fehlende Per-
spektive zu gesünderer Lebensweise und Daseinsfreude

Nach WHO (Weltgesundheitsorga-
nisation) wird Diabetes meistens
in folgende Klassifikation unterteilt:

**a) Infantiler
(kindlicher) Diabetes**
Manifestation zwischen 1.-14.
Lebensjahr

b) Jugendlicher Diabetes
Manifestation zwischen 15.-24.
Lebensjahr

c) Erwachsener Diabetes
Manifestation zwischen 25.-64.
Lebensjahr

d) Juveniler Diabetestyp
Hierbei handelt es sich um den
Diabetes-Typus, der Insulin
benötigt, dabei aber zu einer
krankhaften Steigerung des Säure-
gehaltes im Blut neigt (Ketoazidose). Dies kann in jeder Altergrup-
pe auftreten.

e) Labiler Diabetes

Dieser weist hohe Schwankungen auf zwischen Hyperglykämie und Ketoazidose einerseits und Hypoglykämie und Ketoazidose andererseits.

Weiter unterscheidet die WHO:

a) Potentieller Diabetes

Bei ihm sind noch keine krankhaften Anzeichen vorhanden, jedoch besteht die Möglichkeit, dass aufgrund genetischer Disposition die Krankheit manifest werden kann.

b) Latenter Diabetes

Dies ist eine verborgene Diabetes-Form. Personen mit einem verborgenen Diabetes haben unter normalen Bedingungen keinen erhöhten Blutzuckerwert, jedoch unter Stress, bei Schwangerschaft, Infektionen und Fettleibigkeit zeigen sich plötzlich pathologische Werte. Kann durch provokativen Test festgestellt werden.

c) Asymptomatischer Diabetes

Von ihm wird gesprochen, wenn ein Mensch einen Nüchternblutzuckerwert von etwas weniger als 130mg% im Kapillarblut oder etwas weniger als 125mg% im venösen hat.

d) Klinisch manifester Diabetes
Hier treten pathologische Blutzuckerwerte, Harnzuckerausschei-
dung wie die zuvor erwähnten
Symptome ganz klar zum Ausdruck.

Das Blut und dessen pH-Wert
Gesundes Blut ist bestrebt, den
pH-Wert, d.h. die H-Ionen-Kon-
zentration (Wasserstoff-Ionen)
möglichst konstant zu halten. Der
natürliche pH-Wert liegt bei 7.41 –
verschiebt sich dieser Wert zur
sauren Seite hin (Erhöhung der H-
Ionen-Konzentration), spricht man
von Azidose (Uebersäuerung).
Bewegt sich der Wert zur anderen
Seite, nennt man dies Alkalose (zu
basisch). Damit solche Verschiebungen möglichst nicht stattfinden
können, da sie für den Organismus äusserst gefährlich sind,
bedient sich das Blut sogenannter
Puffer-Funktionen. Sie dienen zur
Aufrechterhaltung des Säure-Base-
Gleichgewichts.

Schwache Säuren und deren Salze
mit starken Kationen (positiv geladene Ionen) oder schwache Basen

und deren Salze mit starken Anionen (negativ geladene Ionen) verhindern einen plötzlich sich verändernden pH-Wert zur einen oder anderen Seite hin.

Bei Diabetes, d.h. erhöhtem Blutzuckerwert, wird dieser natürliche Schutz jedoch gestört, was lebensgefährlich sein kann.

Testmethode zur Bestimmung der Blutzuckerwerte
a) Chemische Methode
b) Enzymatische Methode
c) Teststäbchen, Teststreifen
d) Reflektrometrische Auswertung der Teststreifen

Tests durchzuführen ist Sache des Arztes!
Dass Diabetes schon fast eine Volksgeisel geworden ist, liegt daran, dass in einer auf Leistung getrimmten Gesellschaft Ueberforderung an der Tagesordnung ist. Die Nerven und vorallem das vegetative Nervensystem bekommen dies am meisten zu spüren.

Da der Stoffwechsel sehr eng im Zusammenspiel mit dem zentralen Nerven-System (ZNS) und dem vegetativen Nerven-System steht,

Bei diabetischen Formen empfehlen sich folgende Schüssler-Mineral-Salze:

bei Azidose:
Nr. 4: Kalium chloratum
Nr. 6: Kalium sulfuricum
Nr. 9: Natrium phosphoricum
Nr. 10: Natrium sulfuricum
Nr. 12: Calcium sulfuricum
Nr. 23: Natrium bicarbonicum

bei Alkalose:
Nr. 1: Calcium fluoratum
Nr. 5: Kalium phosphoricum
Nr. 2: Calcium phosphoricum
Nr. 3: Ferrum phosphoricum
Nr. 11: Silicea

bei psychogenetischer wie nervlicher Genese:
Nr. 1: Calcium fluoratum
Nr. 2: Calcium phosphoricum
Nr. 5: Kalium phosphoricum
Nr. 7: Magnesium phosphoricum
Nr. 8: Natrium chloratum
Nr. 9: Natrium phosphoricum
Nr. 10: Natrium sulfuricum
Nr. 11: Silicea D
Nr. 15: Kalium jodatum
Nr. 16: Lithium chloraturm
Nr. 19: Cuprum arsenicosum

aber auch den Botenstoffen (Hormone) aus dem hypothalamischen wie hypophysären Bereich (Gehirn), wie der Pankreas und den Nebennieren, ist es nicht verwunderlich, dass bei steter Ueberbelastung Störungen in dem komplexen Stoffwechselsystem auftreten können.

Es sind diese Störungen, die schliesslich einen Diabetes initiieren können. Uebermässige Belastungen und Stress belasten vorallem auch die Bauchspeicheldrüse (Pankreas), die in gewissem Masse das Gehirn des Bauches ist. Sie ist es auch, die nebst Verdauungssäften Insulin produziert, das äusserst wichtige Hormon, das dafür sorgt, dass die Körperzellen Zucker (Glukose) aus dem Blut aufnehmen können.

Die Bauchspeicheldrüse aber ist wiederum abhängig von übergeordneten Steuermechanismen des Hirns und dessen neurotropen Hormon wie auch von Nebennieren und Leber. Der Stoffwechsel, wie schon erwähnt, ist ein höchst komplizierter Prozess. Deshalb ist es sehr wichtig, dass ihm auch die nötige Aufmerksamkeit gewidmet

bei neurovegetativer Disposition:
Nr. 5: Kalium phosphoricum
Nr. 7: Magnesium phosphoricum
«Heisse 7»

Dosierung:

täglich 3 x 1 Tablette von den entsprechenden oben aufgeführten Salzen
nicht mehr als 3 Salze auf einmal einnehmen
müssen mehr als 3 Salze genommen werden, dann etwa 1/2 Stunde warten, bis die nächsten eingenommen werden

Weiter zu empfehlen sind:

genügend körperliche Bewegung
Mentaltraining (Yoga etc.)
abwechslungsreiche, für Diabetiker gesunde Nahrung
Einschränken von Genussmitteln (Alkohol, Nikotin, Kaffee etc.)

wird in Form von vernünftiger
Lebensweise: gesunde Ernährung
und genügend körperliche Bewegung. Alles Exzessive, also einseitige übermässige geistige Belastung, Alkohol- und Nikotin-
Abusus sowie körperliche Trägheit
sind Faktoren, die den sensiblen
Stoffwechselprozess aus dem
Gleichgewicht bringen und damit
eine diabetische Disposition
begünstigen.

**Diabetes, egal welcher Art,
muss durch einen Arzt
behandelt werden!**

Endokrines System

Drüsen mit gestörter Hormonausschüttung
→ Arzt konsultieren!
Auch hier wie in jedem anderen kranken Organ fehlen Nährsalze. Wird dieser Mangel behoben, können die Drüsen wieder ihre natürliche Aufgabe erfüllen. Die Wahl der Nährsalze ist abhängig von der Diagnose.

z.B. Entzündung:
Nr. 3: Ferrum phosphoricum
Infektion:
Nr. 5: Kalium phosphoricum
Bei Verhärtung:
Nr. 1: Calcium fluoratum

Hormone
zu geringe Ausschüttung

Nr. 5: Kalium phosphoricum
Nr. 10: Natrium sulfuricum
Nr. 3: Ferrum phosphoricum
Nr. 1: Calcium fluoratum
Nr. 11: Silicea
Nr. 9: Natrium phosphoricum
Nr. 7: Magnesium phosphoricum

Lymphknoten
entzündet

Nr. 3: Ferrum phosphoricum
Nr. 9: Natrium phosphoricum
abwechselnd

Lymphknoten mit Anzeichen von Blutvergiftung
Fieber – rote Lymphbahnen
→ Arzt konsultieren!

Nr. 5: Kalium phosphoricum
Alle 5 Minuten 2–4 Tabletten in 1/2 Kaffeelöffel warmem Wasser auflösen und einnehmen.
Bäder und Wickel mit
Nr. 5: Kalium phosphoricum-Lösung

Lymphknoten verhärtet

Nr. 2: Calcium phosphoricum
innerlich, äusserlich warme Wickel oder Salbe

Lymphknotenabszess	Nr. 9: Natrium phosphoricum
	Nr. 11: Silicea
bei Skrofulose	Nr. 2: Calcium phosphoricum
	Nr. 11: Silicea
	Nr. 7: Magnesium phosphoricum
	Nr. 9: Natrium phosphoricum
Skrofulose (Drüsenkrankheit)	
Bei Verhärtung der Schilddrüsen	Nr. 2: Calcium phosphoricum
	Nr. 1: Calcium fluoratum
	Nr. 3: Ferrum phosphoricum
	Nr. 7: Magnesium phosphoricum
Bei Eiterung	Nr. 9: Natrium phosphoricum
	Nr. 11: Silicea
	viel Obst und Gemüse
	viel frische Luft und Licht

Frauen- und Geburtsheilkunde – Gynäkologie

Ängstlichkeit

Nr. 5: Kalium phosphoricum
Nr. 7: Magnesium phosphoricum

Blutarmut

Nr. 2: Calcium phosphoricum
Nr. 8: Natrium chloratum
Nr. 3: Ferrum phosphoricum
Nr. 5: Kalium phosphoricum

Brust schlaff

Nr. 1: Calcium fluoratum

Brustwarzen
rissig

Nr. 3: Ferrum phosphoricum

wund

Nr. 8: Natrium chloratum

eiternd

Nr. 9: Natrium phosphoricum
Nr. 11: Silicea
Nr. 12: Calcium sulfuricum

Depression

Nr. 5: Kalium phosphoricum
stündlich bis 2-stündlich 1 Tablette

Eierstöcke
entzündet
→ Arzt aufsuchen!

Nr. 3: Ferrum phosphoricum
Nr. 4: Kalium chloratum
Nr. 12: Calcium sulfuricum

**Erbrechen bei Schwanger-
schaft**

Nr. 2: Calcium phosphoricum
Nr. 7: Magnesium phosphoricum
Nr. 1: Calcium fluoratum
Nr. 5: Kalium phosphoricum
viel frische Luft und Hautpflege

Föhnbeschwerden

Nr. 10: Natrium sulfuricum
Nr. 5: Kalium phosphoricum
Nr. 8: Natrium chloratum
salzarme Kost

Dauernd kalte Füsse
Ursache: verkrampfte Arterien

Nr. 7: Magnesium phosphoricum
auch als heisse Lösung und als Salbe

Geburt
Zur Erzielung einer leichten
Geburt und weniger Schwanger-
schaftsbeschwerden

Nr. 2: Calcium phosphoricum
abwechselnd mit
Nr. 7: Magnesium phosphoricum
viel Bewegung an frischer Luft
Tiefenatmungen
reichlich Obst und frisches Gemüse
mässig Fleisch und Eier
kein Alkohol, kein Nikotin
(schädigt Nerven, Herz und
Lungen von Kind und Mutter)
In den letzten 4 Monaten 3 x täglich
Nr. 1: Calcium fluoratum
Nr. 2: Calcium phosphoricum und
Nr. 1: Calcium fluoratum verhindern Knochenerweichung und
den bekannten Zahnzerfall bei
Kalkarmut der Mutter.
Nr. 2: Calcium phosphoricum und
Nr. 1: Calcium fluoratum sorgen
schon vorgeburtlich für gutes Zah-
nen und kräftige Zähne- und Kno-
chenbildung des Kindes.
In den letzten 2 Monaten
Nr. 5: Kalium phosphoricum
stärkt Herz und Nerven und beugt
Kindbettfieber vor.

Erbrechen und Krämpfe während der Schwangerschaft	Nr. 7: Magnesium phosphoricum am besten als heisse Lösung warmhalten
Wehen zu stark und krampfartig	Nr. 7: Magnesium phosphoricum alle 5 Min. 1 Tablette evtl. heisse Lösung
zu schwach	Nr. 5: Kalium phosphoricum alle 10 Min. 1 Tablette
Stärkere Blutungen nach der Geburt → sofort Arzt rufen!	Nr. 3: Ferrum phosphoricum öfters einnehmen alle 5 Min. kühle Kompressen auf die Oberschenkel
Sehr schmerzhafte Nachwehen	Nr. 7: Magnesium phosphoricum auch als Lösung
Hängeleib nach Geburt	Nr. 1: Calcium fluoratum über längere Zeit einnehmen Zusätzliche Mittel: Nr. 11: Silicea täglich einmal tüchtig mit Nr. 1: Calcium fluoratum-Salbe den Leib einreiben
Kindbettfieber → Arzt konsultieren!	Nr. 5: Kalium phosphoricum häufig einnehmen Spülungen mit Nr. 5: Kalium phosphoricum-Lösung

Krampfadern	Nr. 1: Calcium fluoratum Nr. 3: Ferrum phosphoricum über längere Zeit 4 x täglich wechselweise einnehmen beide Salze abwechselnd als Salben einreiben kochsalzarme Kost
Menstruation	Tritt die monatliche Regel zu früh ein und dauert übermässig lange: Nr. 2: Calcium phosphoricum Tritt sie zu spät ein: Nr. 3: Ferrum phosphoricum Übermässiger oder dauernder Blutabgang wegen Erschlaffung der Bänder: Nr. 1: Calcium fluoratum
Menstruationskrämpfe	Nr. 7: Magnesium phosphoricum 8 Tage vor Beginn der Menstruation je 1 Tablette täglich Bei Krämpfen selbst heisse Nr. 7: Magnesium phosphoricum-Lösung Wärme Tiefenatmung Ruhe

Migräne	Nr. 7: Magnesium phosphoricum als heisse Lösung einnehmen zusätzlich: Nr. 5: Kalium phosphoricum kann auch als Lösung eingenommen werden Wärme Nr. 7: Magnesium phosphoricum-Salbe
Milchabsonderung stillender Mütter	zu reichlich: Nr. 10: Natrium sulfuricum zu gering: Nr. 2: Calcium phosphoricum Nr. 8: Natrium chloratum ist die Milch wässrig, bläulich, dann fehlt Nr. 8: Natrium chloratum ist die Milch salzig: Nr. 8: Natrium chloratum
Ohnmacht	Kopf tief lagern heisse Nr. 7: Magnesium phosphoricum-Lösung einträufeln
Schwangerschaftsbeschwerden durch Blähungen	Nr. 10: Natrium sulfuricum alle 2 Stunden 1 Tablette
Vagina wund	Nr. 8: Natrium chloratum
unangenehm riechend	Nr. 10: Natrium sulfuricum

zu trocken	Nr. 6: Kalium sulfuricum Nr. 8: Natrium chloratum Nr. 9: Natrium phosphoricum
bei übermässiger Reizbarkeit	Nr. 3: Ferrum phosphoricum Nr. 7: Magnesium phosphoricum Nr. 11: Silicea
Wechseljahrbeschwerden	Nr. 1: Calcium fluoratum Nr. 7: Magnesium phosphoricum
bei Wallungen	Nr. 3: Ferrum phosphoricum
Weissfluss	Nr. 4: Kalium chloratum auch Spülungen und Sitzbäder mit Nr. 4: Kalium chloratum Kohlensaure Sitzbäder oder Spülungen

Galle, Leber

Galle
Mangel an Jod

Nr. 10: Natrium sulfuricum
Nr. 6: Kalium sulfuricum

Gallenblase
zur Anregung und Unterstützung

Nr. 6: Kalium sulfuricum
Nr. 9: Natrium phosphoricum
Nr. 10: Natrium sulfuricum

Gallenblasenentzündung

Nr. 3: Ferrum phosphoricum
Nr. 7: Magnesium phosphoricum
Nr. 10: Natrium sulfuricum

mit Fieber

Nr. 5: Kalium phosphoricum

Gallenleiden
Gallensteine
Gallensteine sind oft die Folge von zu dickem Blut, das wiederum von zu starkem Kochsalzgenuss herrühren kann.

Kochsalzgenuss einschränken
Nr. 2: Calcium phosphoricum
Nr. 7: Magnesium phosphoricum
Nr. 9: Natrium phosphoricum
Nr. 11: Silicea
Nr. 23: Natriumbicarbonat

Die Gallenblase ist dabei meist entzündet und auch erweitert.

Nr. 3 : Ferrum phosphoricum
über längere Zeit alle 2 Stunden 1 Tablette

gegen Erweiterung der Gallenblase

Nr. 1: Calcium fluoratum 3–4 mal täglich 1 Tablette, meist ist auch
Nr. 10: Natrium sulfuricum nötig
Nr. 3: Ferrum phosphoricum gegen Entzündung der Gallenblase
Nr. 9: Natrium phosphoricum und
Nr. 11: Silicea verhindert die Neubildung von Gallengries und Steinen und damit weiterer Kolikattacken. 3–4 mal täglich 1 Tablette. anfänglich öfters

185

Gallenstauung: Gelbsucht

→ Arzt konsultieren!

Verschiedene Ursachen können verhindern, dass die Galle in den Darm abfliessen kann. Ist dies der Fall, ergibt sich eine Rückstauung, was zur Folge hat, dass Galle ins Blut übergeht.

Die Galle muss dann über Nieren und Haut ausgeschieden werden, was zur Gelbsucht führt.

Da dadurch die fettemulsionierende Galle fehlt, wird kein Fett verdaut

Fettfreie Diät nötig!

durch katarrhische Verstopfung des Gallengangs meist im Anschluss an einen Magenkatarrh	Fasten Nr. 4: Kalium chloratum Nr. 3: Ferrum phosphoricum Nr. 6: Kalium sulfuricum zusätzlich Nr. 5: Kalium phosphoricum und Nr. 8: Natrium chloratum
durch Verstopfung des Gallenganges mit Gallensteinen → Arzt konsultieren!	Nr. 1: Calcium fluoratum Nr. 3: Ferrum phosphoricum Nr. 9: Natrium phosphoricum Nr. 11: Silicea Nr. 10: Natrium sulfuricum

bei schwerem Leberleiden
→ Arzt konsultieren!

strenge Diät ohne Fett und mit wenig Kochsalz

Gallenleiden infektiöser Genese
→ Arzt konsultieren!
Meist beginnt die Krankheit mit Frösteln, Fieber, Kopfschmerzen, Appetitlosigkeit.
Am 2. oder 3. Tag Muskel-schmer-zen (oft Waden), dann Gelbsucht mit Benommenheit, Blutverlust durch Stuhl, Erbrechen.
Es können auch Harnblutungen oder Nasenbluten vorkommen.

alle 5 Min. bis halbstündlich
Nr. 5: Kalium phosphoricum
stündlich
Nr. 3: Ferrum phosphoricum und
Nr. 10: Natrium sulfuricum
Bettruhe

Leber
Leberentzündung
→ Arzt konsultieren!

Nr. 5: Kalium phosphoricum
Nr. 10: Natrium sulfuricum

Leberschwellung

Nr. 4: Kalium chloratum
Nr. 6: Kalium sulfuricum
Nr. 7: Magnesium phosphoricum
Nr. 10: Natrium sulfuricum

Leberstärkung

Nr. 7: Magnesium phosphoricum

Leberstörung

Nr. 4: Kalium chloratum
Nr. 6: Kalium sulfuricum
Nr. 10: Natrium sulfuricum

Leberträgheit

Nr. 6: Kalium sulfuricum
Nr. 7: Magnesium phosphoricum
Nr. 10: Natrium sulfuricum

187

Haut, Haare, Nägel

Abschuppung der Haut
nach Masern, Scharlach, Rose

Nr. 6: Kalium sulfuricum

Abszess unter der Haut
(Phlegmon)
Infektiöse Eiterung

Nr. 5: Kalium phosphoricum
halbstündlich
auch äusserlich anwenden als
Salbe oder heisse halbstündliche
Bäder und Wickel
zusätzliche Mittel:
Nr. 1: Calcium fluoratum
Nr. 11: Silicea
Nr. 9: Natrium phosphoricum
möglichst säurefreie Kost

Wundliegen

Nr. 5: Kalium phosphoricum
Nr. 3: Ferrum phosphoricum
beide auch als Salbe oder Puder,
den man durch feines Verreiben
der Tabletten selber herstellen
kann

Ausschläge
ätzend-nass

Nr. 8: Natrium chloratum ebenfalls als Wickel oder Kompressen

jauchig-blutig

Nr. 5: Kalium phosphoricum auch
als Salbe oder Wickel

trocken-mehlartig

Nr. 4: Kalium chloratum

beissend

Nr. 7: Magnesium phosphoricum
auch als Salbe

eitrig	Nr. 11: Silicea Nr. 7: Magnesium phosphoricum ebenfalls als Salbe oder Puder
weiss-grau	Nr. 4: Kalium chloratum auch als Salbe
schuppig	Nr. 6: Kalium sulfuricum auch als Salbe
Offene Beine	Bierhefe-Kur Nr. 11: Silicea Nr. 5 : Kalium phosphoricum Nr. 10: Natrium sulfuricum Nr. 2: Calcium phosphoricum Wunde reinhalten mit Mandelöl- getränktem Leinentuch; dann Nr. 11: Silicea-Salbe auf eine Gaze auftragen und die Wunde damit abdecken, 2 x tägl. Bei Verhärtung dazu Nr. 1: Calcium fluoratum-Salbe oder bei erneuter Entzündung wechselweise Nr. 11: Silicea- und Nr. 3: Ferrum phosphoricum- Salbe Anstelle von Salbe können auch Puder oder Wickel angewandt werden.

Brandwunden, Verbrennungen, Verbrühungen
äusserlich mit Rötung, Schwellung, Blasenbildung
→ stärkere Verbrennungen Arzt konsultieren!

Zur Neutralisierung der Blasensäure nasse Wickel auflegen, 10 Tabletten Nr. 23 Natrium bicarbonicum in ca. 1ltr. lauwarmem Wasser aufgelöst max. 20 bis 30 Min. einwirken lassen. Kann alle 2 Stunden wiederholt werden.
Durch die Neutralisation wird die Brandwunde in eine gewöhnliche Verletzung verwandelt, welche leichter abheilt.
Die Neutralisation hat nebenbei die angenehme Wirkung, dass sie den Brandschmerz behebt.
Reste der Bikarbonat-Lösung werden mit lauwarmem Wasser abgewaschen.
Nr. 3: Ferrum phosphoricum einnehmen halbstündlich
trocken-luftigen Verband machen
Man kann wunde Stellen mit Nr. 3: Ferrum phosphoricum-Puder bestreuen.
Sollte sich eine Eiterung einstellen, so macht man mit 40-50% Alkohol einen 20minütigen, nassen Umschlag, danach wieder einen trockenen Verband.

Sonnenbrand

Vorgehen wie oben aufgeführt

Grosse und tiefe Verbrennungen
→ sofort Arzt konsultieren!

sonst wie oben aufgeführt

191

Erfrierungen	Nach Wiederbelebung Nr. 5: Kalium phosphoricum alle 10 Minuten auch äusserlich als Salbe oder warme Umschläge
Fingergeschwüre (Umlauf) ist eine lokale Blutvergiftung, sollte ernstgenommen werden	Reichlich Nr. 5: Kalium phosphoricum auch warme Bäder und Umschläge mit Nr. 5: Kalium phosphoricum Ergänzungen: Nr. 11: Silicea Nr. 1: Calcium fluoratum Nr. 8: Natrium chloratum Zur Nachbehandlung: 1 Monat lang Nr. 5: Kalium phosphoricum täg- lich 3 x 2 Tabletten
Fisteln	Nr. 11: Silicea Nr. 2: Calcium phosphoricum Nr. 9: Natrium phosphoricum Nr. 11: Silicea-Salbe
Flechten	Nr. 6: Kalium sulfuricum Nr. 5: Kalium phosphoricum salzarme Diät
Frostbeulen frischgebildete chronische	Nr. 5: Kalium phosphoricum auch Salbe und Umschläge Nr. 3: Ferrum phosphoricum Nr. 10: Natrium sulfuricum Nr. 11: Silicea heiss baden, danach Nr. 11: Silicea-Salbe

Fussschweiss	Nr. 11: Silicea auch als Puder saugfähige Baumwollsocken tragen
Furunkel (Carbunkel) **Furunkulose**	Nr. 5: Kalium phosphoricum 1/2 std. 1 Tablette Nr. 5: Kalium phosphoricum auch äusserlich als Salbe anwenden Als zusätzliche Mittel kommen in Frage: Nr. 1: Calcium fluoratum Nr. 11: Silicea Nr. 9: Natrium phosphoricum möglichst säurefreie Nahrung Wärme
Gesichtsrose Infektionskrankheit, als Gesichts-, Kopf- und Neuralrose bekannt	Nr. 5: Kalium phosphoricum lange Zeit einnehmen Ergänzungsmittel: Nr. 11: Silicea Nr. 6: Kalium sulfuricum
Grind ansteckend	Nr. 5: Kalium phosphoricum zusätzlich: Nr. 11: Silicea
Gürtelrose schmerzhafte Bläschenbildung längs der Zwischenrippen-Haut- nerven kann aber auch an anderen Kör- perstellen auftreten: Arme, Hände, Kopf	Nr. 8: Natrium chloratum Nr. 5: Kalium phosphoricum Nr. 7: Magnesium phosphoricum sonst Mittelwahl nach Ursache: Stoffwechsel-, Infektions-, toxische Zuckerkrankheit

193

Haarausfall	Nr. 11: Silicea Nr. 8: Natrium chloratum Nr. 1: Calcium fluoratum Nr. 2: Calcium phosphoricum
an einzelnen rundlichen Stellen (Alo pecia areata)	Nr. 5: Kalium phosphoricum län- gere Zeit, da eine Störung des sympathischen Nervensystems vorliegt
durch Herpes tonsurans = Scheer- flechten erkenntlich an runden, roten, kahlen, juckenden Flechten, welche nach aussen gröser werden	Nr. 10: Natrium sulfuricum Nr. 5: Kalium phosphoricum tägl. eimal 1/4 Std. nasser Umschlag mit 45–70% Alkohol
Haarwuchsförderung	Täglich 1x den Haarboden mit nassen Fingerspitzen massieren: Als Massagewasser eine Lösung von 3 Tabletten Nr. 11: Silicea mit einem Hirse- korngrossen Körnchen Kochsalz in einem Esslöffel gekochtem Was- ser
Hautkrankheiten → Arzt konsultieren! Krankheiten der Haut sind stets Zeichen einer Störung der Lebens- prozesse.(z.B. Masern, Scharlach, Pocken sowie andere Infektions- krankheiten. Auch Stoffwechselgif- te wie Arzneimittelvergiftungen können Ursache sein.) **Diagnostizieren der Ursache ist** **Sache des Arztes!**	Mittel nach Ursache

Hautjucken Ursache kann eine Leberstörung sein '	Nr. 8: Natrium chloratum Nr. 7: Magnesium phosphoricum Waschungen mit Nr. 11: Silicea-Lösung und Nr. 10: Natrium sulfuricum-Lösung
Rissige Haut **Glasige Haut**	Nr. 1: Calcium fluoratum Nr. 11: Silicea Nr. 11: Silicea-Salbe Nr. 8: Natrium chloratum
Insektenstiche	Nr. 8: Natrium chloratum innerliche Stiche: Nr. 5: Kalium phosphoricum
Kopfschuppen	Täglich den Haarboden massieren mit einer Lösung von einem Hirse- korngrossen Körnchen Kochsalz und 1–3 Tabletten Nr. 11: Silicea, aufgelöst in 1/2 dl. gekochtem Wasser
Milchschorf Ursache: zu einseitige und fett- reiche Nahrung	Nr. 9: Natrium phosphoricum fettarme Nahrung Kuhmilch ist mit Wasser zu ver- dünnen
Mitesser	Nr. 9: Natrium phosphoricum Nr. 8: Natrium chloratum kräftige Hautmassage mit Hand- tuch und heissem Wasser keine Seife benutzen

Narben verhärtet
Durch Operationen oder innere
Entzündungen
Solche Narbenstellen können
unangenehme Schmerzen ver-
ursachen.

Nr. 1: Calcium fluoratum
über längere Zeit 2–3 stündlich
eine Tablette einnehmen
sorgt dafür, dass das Narbengewebe wieder elastisch gemacht
werden kann, auch
Nr. 1: Calcium fluoratum-Salbe an
den Schmerzstellen auftragen.
Trägt ebenfalls wesentlich dazu
bei, das vernarbte Gewebe wieder
flexibler zu machen.

Schuppenflechte (Psoriasis)
Ursache: Nerven
zu fettreiche und zu salzige
Ernährung

Nr. 11: Silicea
Nr. 9: Natrium phosphoricum
3–6 x tägl. 1 Tablette
fettarme Diät

Schweiss
mangelnd

Nr. 3: Ferrum phosphoricum fördert Schweiss

stark

Nr. 8: Natrium chloratum
Nr. 11: Silicea reguliert Schweissabsonderung

Warzen

Nr. 4: Kalium chloratum innerlich
alle 2 Std. 1 Tablette
äusserlich öfters mit
Nr. 4: Kalium chloratum-Lösung
betupfen oder Salbe einreiben.

Windpocken – Blattern
→ Arzt konsultieren!

Wunden

Wundsein bei Kindern

Nr. 5: Kalium phosphoricum
mehrmals täglich längere Zeit

Nr. 3: Ferrum phosphoricum einnehmen
auch als Salbe

Nr. 3: Ferrum phosphoricum
Nr. 3: Ferrum phosphoricum-
Salbe oder Puder
Bäder mit
Nr. 3: Ferrum phosphoricum-
Lösung

Anhang

Brüchige Haare   Nr. 11: Silicea

Haarausfall   Nr. 2: Calcium phosphoricum
                                       Nr. 5: Kalium phosphoricum
                                       Nr. 7: Magnesium phosphoricum
                                       Nr. 9: Natrium phosphoricum
                                       Nr. 11: Silicea

bei Übersäuerung   Nr. 9: Natrium phosphoricum
                                       Nr. 11: Silicea

Schuppen   Nr. 8: Natrium chloratum
schuppig-fettig   Nr. 9: Natrium phosphoricum
klebrig-schuppig   Nr. 6: Kalium sulfuricum

Fettige Haut   Nr. 9: Natrium phosphoricum
Haut grünlich-gelblich   Nr. 10: Natrium sulfuricum
(im Gesicht)

Sonnenempfindliche Haut   Nr. 2: Calcium phosphoricum
                                       Nr. 7: Magnesium phosphoricum
                                       Nr. 15: Kalium jodatum

Sonnenbrand   Nr. 8: Natrium chloratum

Herz, Kreislaufsystem, Lymphsystem

Arterien, Venen:
Adernverkalkung
Arteriosklerose

Nr. 1: Calcium fluoratum
Nr. 11: Silicea
längere Zeit einnehmen
Nr. 3: Ferrum phosphoricum
reizarme Kost
blutverdickende Genussmittel wie
Tabak, Alkohol, Kaffee, Schwarztee meiden
zuviel Kochsalz meiden

Adernverkrampfung
Engbrüstigkeit
dauernd kalte Füsse
Schwindel, Ohnmacht
Engbrüstige Anfälle:
Blassheit, kalter Schweiss und
Angst
Puls meist schwach und rasch
Ursache: schlechte Durchblutung
des Herzens durch verkalkte
Herzarterien
nervöse Verkrampfung
Schwindel:
Verkrampfen der Herz- und
Kopfarterien, Blutleere im Kopf,
Blutarmut oder Nervenschwäche

heisse
Nr. 7: Magnesium phosphoricum-
Lösung bei Anfall, wenn nötig alle
1/2 Std. wiederholen
6 mal täglich
Nr. 5: Kalium phosphoricum im
Wechsel mit
Nr. 7: Magnesium phosphoricum

Schwindel ist keine selbständige
Krankheit, sondern Indiz für eine
Störung im Körper.

Ohnmacht:
Kopf tief lagern

heisse
Nr. 7: Magnesium phosphoricum-
Lösung einträufeln

Kalte Füsse: Ursache: verkrampfte Arterien	Nr. 7: Magnesium phosphoricum auch als heisse Lösung und Salbe
Ameisenlaufen in den Extremi- täten, Kribbeln in den Gliedern	Nr. 2: Calcium phosphoricum Nr. 7: Magnesium phosphoricum Nr. 8: Natrium chloratum
Herzasthma	Nr. 5: Kalium phosphoricum Nr. 7: Magnesium phosphoricum auch als heisse Lösung Atemübungen an frischer Luft
Altersbrand	Nr. 5: Kalium phosphoricum stündlich, während der ersten 3 Tage sogar 1/4 stündlich, danach 4–8 mal täglich Bäder Nr. 5: Kalium phosphoricum . Nr. 1: Calcium fluoratum Nr. 5: Kalium phosphoricum Nr. 11: Silicea 3–6 mal pro Tag 2 Tabl.
Gefässerweiterung	Nr. 1: Calcium fluoratum längere Zeit einnehmen Nr. 3: Ferrum phosphoricum

Herzleiden

→ unbedingt Arzt konsultieren!
Wenn möglich keine Genussmittel
wie Tabak, Alkohol
Auf eine vernünftige, salzarme
Kost achten
Herzleiden sind oft bedingt durch
Gifte, z.B. bei Stoffwechsel-
störungen oder durch Infektions-
gifte nach Infektionskrankheiten.
Selbstverständlich sollte man
darauf achten, durch eine vernünftige Lebensweise Ursachen
für Herzleiden zu vermeiden.

Nr. 5: Kalium phosphoricum
mehrmals täglich 1-2 Tabletten

Chronisch:
Ursache ist vielfach nervöses Het-
zen, Stress, Überarbeitung, Exi-
stenzängste, Ehrgeiz, Gier, Presti-
gedenken, Eitelkeit, Strebertum
und das Ganze noch in Verbindung mit Genussmittelaufpeit-
schung wie Tabak, Kaffee, Alkohol, Pillen und anderen
«Kick»-gebenden Mitteln.
Schlafmangel und übermässige
oder minderwertige Kost (Junk
Food) tragen noch ihren Teil dazu
bei.
Dies macht das grösste Kontin-
gent der Herzleiden verursachen-
den Ursachen aus. Sie führen oft
zu vorzeitigem Tod – einer typischen Erscheinung unserer Zeit.

Nr. 5: Kalium phosphoricum
mehrmals täglich 1-2 Tabletten

Eine unserer menschlichen Natur angepasstere Lebensweise könnte diesbezüglich vieles vermeiden helfen. Sicher wäre dies eine Ueberlegung wert! Genügend Schlaf, ein seinen Kräften angepasster Arbeitsrhythmus, Erholungspausen für Körper und Geist, Bewegung und frische Luft, sich an Schönem erfreuen kann von grosser, heilender Wirkung sein.
Sich Zeit nehmen, vor allem beim Essen, ist ein weiteres wirksames Mittel bei Herzstörungen.

Herzentzündung
→ unbedingt Arzt konsultieren!
Bei Herzentzündung kann der Herzbeutel, der Herzmuskel oder die Herzinnenwand betroffen sein.

Nr. 5: Kalium phosphoricum in häufigen Gaben, zu dem man im Anfangsstadium noch
Nr. 3: Ferrum phosphoricum, ebenfalls häufig, wechselweise einnimmt. Nebenmmittel:
Nr. 1: Calcium fluoratum
Nr. 8: Natrium chloratum
Nr. 11: Silicea
Nr. 10: Natrium sulfuricum bei wassersüchtigen Schwellungen

Herzerweiterung

Nr. 1: Calcium fluoratum
Nr. 5: Kalium phosphoricum
Nr. 3: Ferrum phosphoricum längere Zeit einnehmen, da nur langsame Heilung möglich ist

Herzklappenfehler
Nach Infektionskrankheiten
besonders im Zusammenhang mit
Gelenkrheumatismus

Nr. 5: Kalium phosphoricum
öfter und längere Zeit einnehmen
Nr. 1: Calcium fluoratum
Nr. 11: Silicea

Angeborene Herzfehler
Aufgrund dessen, dass schon ab
dem 40. Altersjahr Verluste an ela-
stischem Bindegewebe auftreten
können – was eine zusätzliche
Belastung bedeuten würde – empfiehlt es sich für diese Patienten
ab dem 40. Altersjahr prophylaktisch entsprechende Salze (Funktionsmittel) einzunehmen.

täglich 3 – 6 mal
Nr. 1: Calcium fluoratum
Nr. 11: Silicea und
Nr. 5: Kalium phosphoricum ein-
nehmen
Damit kann eine Verschlechte-
rung hinausgezögert werden.

Herzkrampf

Nr. 7: Magnesium phosphoricum
besonders als heisse Lösung
abwechselnd mit
Nr. 5: Kalium phosphoricum

Herzklopfen
Nervöses Herzklopfen, rascher
Puls mit Angstgefühl und einem
Empfinden von Zusammenge-
schnürtsein, evtl. sogar Ohnmacht

Nr. 7: Magnesium phosphoricum
öfters in heisser Lösung
Nr. 5: Kalium phosphoricum bei
Depressionen und geistiger Überanstrengung
Nr. 3: Ferrum phosphoricum bei
körperlicher Ueberanstrengung

Puls:
– schwach, flattrig

Nr. 5: Kalium phosphoricum
stärkt den Puls

– hart, aufgeregt	Nr. 2: Calcium phosphoricum beruhigt den Puls, evtl. wechselnd mit Nr. 7: Magnesium phosphoricum
– beim Sich-Niederlegen	Nr. 2: Calcium phosphoricum
Herzschwäche	Nr. 5: Kalium phosphoricum als zusätzliches Mittel kommt in Frage Nr. 8: Natrium chloratum, Nr. 11: Silicea
bei Blutarmut Bleichsucht Skrofulose und Verdacht auf Tuberkulose bei Fieber	Nr. 2: Calcium phosphoricum abwechselnd mit Nr. 3: Ferrum phosphoricum Nr. 8: Natrium chloratum Nr. 7: Magnesium phosphoricum
Krampfadern	Nr. 1: Calcium fluoratum Nr. 3: Ferrum phosphoricum längere Zeit einnehmen 4 mal täglich abwechselnd beide Salze abwechselnd als Salbe anwenden kochsalzarme Kost
Lymphknoten entzündet	Nr. 3: Ferrum phosphoricum Nr. 9: Natrium phosphoricum abwechselnd
Lymphknoten mit Anzeichen von Blutvergiftung → Arzt konsultieren! hohes Fieber rote Lymphbahnstreifen	Nr. 5: Kalium phosphoricum alle 5 Min. 2 Tabletten in 1/2 Kaffeelöffel warmem Wasser aufgelöst einnehmen

Verhärtete Lymphen	Nr. 1: Calcium fluoratum innerlich äusserlich warme Wickel oder Salbe Nr. 9: Natrium phosphoricum
Lymphknotenabszess	Nr. 9: Natrium phosphoricum Nr. 11: Silicea
bei Skrofulose → Arzt konsultieren!	Nr. 2: Calcium phosphoricum Nr. 11: Silicea Nr. 7: Magnesium phosphoricum Nr. 9: Natrium phosphoricum
Nasenbluten Liegt die blutende Stelle an einer seitlichen Nasenwand, so kann man durch einseitiges Zukneifen der Nasenwand die Blutung stillen.	Nr. 3: Ferrum phosphoricum alle 3 Min., Einschnupfen von Nr. 3: Ferrum phosphoricum-Lösung Nr. 3: Ferrum phosphoricum-Salbe einstreichen
bei vollblutigem Nasenbluten meist durch zu hohen Blutdruck verursacht	Nr. 1: Calcium fluoratum Nr. 11: Silicea längere Zeit einnehmen blutverdickende Genussmittel meiden kochsalzarme Ernährung
Nekrose örtliches absterben von Gewebe	Nr. 5: Kalium phosphoricum stündlich, während der ersten 3 Tage sogar 1/4 std. einnehmen die 3 Salze gegen vorzeitiges Altern: Nr. 1: Calcium fluoratum Nr. 11: Silicea Nr. 5: Kalium phosphoricum

Schlaganfall

→ **Notfallarzt rufen!!!**

Beim Schlaganfall Körper flach legen, mit erhöhtem Oberkörper. Beengende Kleidungsstücke öffnen, Hände und Füsse warm einpacken.

Anfangs
Nr. 3: Ferrum phosphoricum-Lösung (in einem Teelöffel heissem Wasser gelöst)
Nr. 2: Calcium phosphoricum alle 2 Stunden
Vorbeugung weiterer Anfälle:
Nr. 2: Calcium phosphoricum
Nr. 11: Silicea

Venenentzündung

→ Arzt konsultieren!

reichlich
Nr. 3: Ferrum phosphoricum

gegen Erweiterung der Venen

Nr. 1: Calcium fluoratum alle 2 Std. 1 Tablette
Nr. 4: Kalium chloratum 4 mal täglich, um wenn möglich Thrombosen zu vermeiden
Nr. 5: Kalium phosphoricum alle 2 Std. zur Förderung der Zirkulation und gegen die Infektion
Bettruhe – warmhalten

Wassersucht

→ Arzt konsultieren!

Nr. 5: Kalium phosphoricum zur Herzstärkung
Nr. 8: Natrium chloratum und Nr. 10: Natrium sulfuricum alternierend, zur Wasserausscheidung in schwereren Fällen unbedingt kochsalzfreie Diät
vegetarische Kost zur Entlastung von Herz und Nieren

Infektionskrankheiten

Cholera (Asiatische Form)
→ Arzt konsultieren!

Häufiges Einnehmen von
Nr. 3: Ferrum phosphoricum

Diphterie
→ sofort Arzt konsultieren!

Nr. 2: Calcium phosphoricum
abwechselnd mit
Nr. 5: Kalium phosphoricum öfters
einnehmen, kann in heissem Wasser gelöst eingenommen werden
Zusätzlich:
Nr. 4: Kalium chloratum

Diphterieverdacht
→ Arzt konsultieren!

Nr. 3: Ferrum phosphoricum zu
Beginn in der ersten Stunde ca. 20
Tabletten einnehmen, d.h. etwa
alle 2 Minuten 1 Tablette
Nr. 5: Kalium phosphoricum
Nr. 2: Calcium phosphoricum

Entzündungen

Nr. 3: Ferrum phosphoricum
öfters einnehmen
Nr. 4: Kalium chloratum bei weiss-
grauen, mehlig kleinen Schüppchen
auf der Haut
Nr. 8: Natrium chloratum wenn
hell, wässrig oder schaumig,
schleimig, blasiger Schleim
Nr. 10: Natrium sulfuricum wenn
gelblich, grünlich, flüssiger Schleim
Nr. 6: Kalium sulfuricum wenn
gelb bis bräunlich, schleimig
Nr. 2: Calcium phosphoricum
wenn eiweisshaltig
Nr. 5: Kalium phosphoricum
wenn stinkend schleimig

Nr. 8: Natrium chloratum
Nr. 5: Kalium phosphoricum
wenn wundmachend

Erkältung
Erkältungsgefahr

Nr. 3: Ferrum phosphoricum
eine Stunde lang alle 5 Min.
1 Tablette
heisse Getränke, kräftig bewegen
Tiefenatmung

Fieber (akut)

zu Beginn reichlich
Nr. 3: Ferrum phosphoricum
fördert Schweissausbruch danach
Nr. 5: Kalium phosphoricum
abwechselnd mit
Nr. 3: Ferrum phosphoricum

Hohes Fieber
über 38.5° bei Erwachsenen,
über 39.0° Kindern

reichlich
Nr. 5: Kalium phosphoricum
neben wenig
Nr. 3: Ferrum phosphoricum
Nr. 5: Kalium phosphoricum kann
auch in heisser Lösung eingenommen werden

Fieber ohne eigentlichen
ersichtlichen Grund
bei Kindern häufig Anzeichen
einer Infektionskrankheit
(Masern, Scharlach etc.)

Nr. 3: Ferrum phosphoricum
abwechseln mit
Nr. 5: Kalium phosphoricum
(Nr. 5: Kalium phosphoricum
reichlich einnehmen)

Fieber (chronisch)
leichte Termperaturerhöhung
(38.0 und weniger)
→ Arzt konsultieren!

Nr. 3: Ferrum phosphoricum
reichlich einnehmen
Bei Infektionen, die chronische
Fieberzustände auslösen wie

Es kann sich um diverseste
Krankheiten handeln.

Rheumatismus nach Halsentzündungen oder auch anderen Infektionskrankheiten empfiehlt es sich,
Nr. 3: Ferrum phosphoricum
Nr. 4: Kalium chloratum

Gehirnentzündung
→ sofort Arzt konsultieren!
Als Ursache können verschiedene
Infektionen in Frage kommen.

Nr. 5: Kalium phosphoricum des
öftern einzunehmen
Als Ergänzungsmittel:
Nr. 3: Ferrum phosphoricum
Nr. 4: Kalium chloratum
Nr. 6: Kalium sulfuricum

Gehirnhautentzündung
→ sofort Arzt konsultieren!
serös

Nr. 5: Kalium phosphoricum
Nr. 3: Ferrum phosphoricum
heisse Lösung oder 1-2 Tabletten
stündlich

tuberkulös

Nr. 3: Ferrum phosphoricum

Nr. 3: Ferrum phosphoricum
halbstündlich

Nr. 2: Calcium phosphoricum
halbstündlich evtl. als heisse
Lösung
Zusätzliche Mittel:
Nr. 9: Natrium phosphoricum
Nr. 7: Magnesium phosphoricum
3–4 mal täglich in Form von
heisser Lösung

**Epidemische Gehirnhautent-
zündung**

Gesichtsstarre
→ sofort Arzt konsultieren!

Nr. 5: Kalium phosphoricum
öfters einnehmen, am besten in
heisser Lösung
Nr. 3: Ferrum phosphoricum
gegen starke Schmerzen
Zusätzliche Mittel:
Nr. 4: Kalium chloratum
Nr. 2: Calcium phosphoricum

Grippe (Influenza)

Nr. 3: Ferrum phosphoricum
abwechselnd mit
Nr. 10: Natrium sulfuricum einnehmen
zu Beginn bis 20 Tabletten in
einer Stunde (alle paar Minuten
eine)

Danach reichlich
Nr. 5: Kalium phosphoricum, dies
besonders nach schwächendem
hohem Fieber, am besten als
Lösung (1 Tabl. in 1/2 Teelöffel
Wasser auflösen)
Nr. 5: Kalium phosphoricum ist
Hauptmittel
Nr. 3: Ferrum phosphoricum ist
bis zum Verschwinden des
Fiebers angezeigt.
Zum Lösen von Katarrh:
Nr. 5: Kalium phosphoricum

Zur Rekonvaleszenz	Nr. 2: Calcium phosphoricum Nr. 5: Kalium phosphoricum
Heufieber – Heuschnupfen	zu Beginn Nr. 3: Ferrum phosphoricum öfters einnehmen in Abwechslung mit Nr. 4: Kalium chloratum danach alle 2 Stunden je eine Tablette Zusatzmittel: Nr. 2: Calcium phosphoricum Nr. 8: Natrium chloratum
Hustenreiz (Schlaf behindernd)	Nr. 8: Natrium chloratum Nr. 3: Ferrum phosphoricum Nr. 4: Kalium chloratum 1–2 Körnchen Kochsalz aufgelöst in einem Glas warmem Wasser schluckweise trinken
Katarrh Folge von entzündlichen Erkran- kungen der serösen Häute und Schleimhäute Besonders häufig betroffen sind die Schleimhäute der Luftwege des Mundes, des Magen- und Darmkanals	Entzündungsstadium: häufige Ein- nahme von Nr. 3: Ferrum phosphoricum (1. Stadium) anfänglich alle 5 Min. eine Tablette die erste Stunde (2. Stadium) meist fibrinöse Aus- scheidung Nr. 4: Kalium chloratum abwech- selnd mit Nr. 3: Ferrum phosphoricum (im abheilenden Stadium): Nr. 6: Kalium sulfuricum

chronisch:	Nr. 4: Kalium chloratum
	Nr. 6: Kalium sulfuricum
	Nr. 2: Calcium phosphoricum
Kinderlähmung	bei Fieber 1/4 stündlich
→ unbedingt Arzt konsultieren!	Nr. 5: Kalium phosphoricum
	stündlich
	Nr. 3: Ferrum phosphoricum
	in Ausheilung 3–4 mal täglich
	Nr. 5: Kalium phosphoricum
	bei Kindern:
	Nr. 5: Kalium phosphoricum
Kindertuberkulose	Nr. 2: Calcium phosphoricum
→ unbedingt Arzt konsultieren!	Nr. 3: Ferrum phosphoricum
	anfänglich stündlich 1 Tablette,
	später alle 2 Stunden 1 Tablette
	zusätzliche Mittel:
	Nr. 7: Magnesium phosphoricum
	Nr. 11: Silicea
	Nr. 8: Natrium chloratum
	kochsalzarme Diät
Malaria	im Anfall häufig
→ sofort Arzt konsultieren!	Nr. 5: Kalium phosphoricum
	in der anfallfreien Zeit:
	Nr. 10: Natrium sulfuricum
	Nr. 8: Natrium chloratum
	ergänzend dazu:
	Nr. 2: Calcium phosphoricum
	Nr. 5: Kalium phosphoricum

Masern

→ Arzt konsultieren!

reichlich
Nr. 5: Kalium phosphoricum
zusätzlich:
Nr. 3: Ferrum phosphoricum
Nr. 4: Kalium chloratum
Nr. 6: Kalium sulfuricum
Vorsorglich wegen möglicher
Gelenk- und Nervenentzündun-
gen täglich einige
Nr. 5: Kalium phosphoricum-
Tabletten über ein paar Wochen
einnehmen!

Mudern (bei Kindern)

Nr. 3: Ferrum phosphoricum
Nr. 5: Kalium phosphoricum
abwechselnd

Mumps
Ansteckende Infektionskrank-
heit

→ Arzt konsultieren!
Nicht ungefährlich für erwachsene
Männer: **unbedingt Bettruhe**
wegen Impotenzgefahr!!!

Nr. 4: Kalium chloratum
Nr. 5: Kalium phosphoricum
Nr. 3: Ferrum phosphoricum

Nesselfieber, Nesselsucht
Beruht auf allergischer Überempfindlichkeit. Bestimmte
Speisen, Insektenstiche, aber
auch Brennesseln können diese
juckenden, brennenden Quaddeln
hervorrufen.

Nr. 5: Kalium phosphoricum und
Nr. 8: Natrium chloratum
Weizen- oder Kartoffelmehl
(Puder) aufstreuen oder abwa-
schen mit Essig- oder Zitronen-
wasser – mildert Reiz
Nebenmittel je nach Konstitution:
Nr. 3: Ferrum phosphoricum
Nr. 2: Calcium phosphoricum
Nr. 1: Calcium fluoratum

Scharlach

→ Arzt konsultieren!

Schnupfen

Schüttelfrost

→ Arzt konsultieren!

Meist mit hohem Fieber

Kann Anzeichen schwerer Erkrankung sein z.B. Lungenentzündung, Grippe, auch Infektionskrankheiten

Nr. 3: Ferrum phosphoricum
Nr. 5: Kalium phosphoricum
(Hauptmittel)
längere Zeit einnehmen
Nr. 6: Kalium sulfuricum zur
Abschuppung

Danach zur Ausheilung und Prophylaxe nicht ungefährlicher
Nachkrankheiten
Nr. 5: Kalium phosphoricum
Nr. 2: Calcium phosphoricum
einige Wochen 2–3 Tabletten pro
Tag

Beim ersten Anzeichen
Nr. 3: Ferrum phosphoricum ca.
20 Tabletten eine nach der anderen alle 3–5 Min. einnehmen evtl.
Nasenspülung mit körperwarmer
Nr. 3: Ferrum phosphoricum-
Lösung, der man ein nadelkopfgrosses Körnchen Kochsalz
beifügt.auch
Nr. 3: Ferrum phosphoricum und
Nr. 4: Kalium chloratum-Salbe leisten gute Dienste
zuviel Kochsalz meiden

Nr. 5: Kalium phosphoricum
Nr. 3: Ferrum phosphoricum in
wenig Wasser gelöst einnehmen
Bettruhe

Schwarzwasserfieber

→ sofort Arzt konsultieren!

Malaria mit Chininvergiftung

Nr. 5: Kalium phosphoricum
Nr. 10: Natrium sulfuricum
Nr. 8: Natrium chloratum
als Ergänzungsmittel:
Nr. 2: Calcium phosphoricum
Nr. 5: Kalium phosphoricum

Tuberkulose

→ unbedingt Arzt konsultieren!

Prädisposition (vererbte Anlage)

Nr. 2: Calcium phosphoricum
Nr. 3: Ferrum phosphoricum
Nr. 9: Natrium phosphoricum

Beim Weiterschreiten der Krankheit

Nr. 11: Silicea
Nr. 7: Magnesium phosphoricum
Dauernder Mangel an
Nr. 2: Calcium phosphoricum und
Nr. 3: Ferrum phosphoricum hat
Blutarmut und somit Schwächung
des Organismus zur Folge.
Dieser Zustand ist oft begleitet
von Abmagerung. Oft geht dem
eine ungesunde Fettsucht voran.
Jede Krankheit, die chronische
Abmagerung und Blutarmut mit
sich bringt, ist tuberkuloseverdächtig oder kann eine Übergangskrankheit hin zur Tuberkulose bedeuten.
Wenn das geschwächte Blut nicht
mehr im Stande ist, die verbrauchten, nicht mehr arbeitsfähigen Zellen, z.B. in der Lunge,
wegzuschaffen, so gibt es den
Tuberkelbazillen die Möglichkeit,
sich unheilvoll zu vermehren.

Gesundes Lungengewebe ist immun gegen Tuberkelbazillen. Es handelt sich somit nicht um eine übliche Infektionskrankheit, sondern vielmehr um eine Fäulniserscheinung.
Gelingt es dem Tuberkulose-Patient, vollwertiges Blut zu schaffen, d.h. den chronischen Kalk- und Eisenmangel zu beheben und damit der Blutarmut und Abmagerung entgegenzuwirken, so wird den Tuberkelbazillen der Nährboden entzogen und die Heilung kann eintreten.

Bei Eiterung und Mangel an weissen Blutkörperchen

zusätzlich
Nr. 11: Silicea alle 2 Stunden 1 Tablette

Bei verkästem Gewebe (durch Zerfall toter Zellen entstanden)

Nr. 7: Magnesium phosphoricum alle 2 Stunden 1 Tablette
Diät:
wenig Kochsalz, Vermeiden von scharfen Gewürzen
Ebenfalls Essig, raffinierten Zucker, Weissmehlprodukte meiden, da sie Kalkräuber sind.
Kein Alkohol, kein Nikotin
alles gut kauen!

Weiter ist zu beachten:
viel ruhen
körperliche Anstrengungen vermeiden
Schutz vor Kälte
bei Fieber Bettruhe
Aufregungen wenn immer möglich meiden
Kleidung warm, aber luftdurch-
lässig
keine trockene Luft, am besten in
Höhenlage
Atemübungen ohne zu forcieren

Typhus
→ sofort Arzt konsultieren!
Anzeigepflichtig

Nr. 5: Kalium phosphoricum
häufig einnehmen
Fasten, jedoch genügend Flüssigkeit zu sich nehmen mit
Nr. 5: Kalium phosphoricum
darin aufgelöst
nicht zu früh Nahrung aufnehmen!

Kinderheilkunde – Pädiatrie

Ängstlichkeit
nervös

Nr. 5: Kalium phosphoricum
Nr. 7: Magnesium phosphoricum

Bettnässen
Meist geht ein Traum voraus,
bei welchem der Bettnässer
träumt, am richtigen Ort zum
urinieren zu sein.
Man verlange vom Kind, dass es
im Wachen vor jedem Urinieren
fest die Faust macht und sie
kräftig schüttle und sich sagt: «Ich
bin wach.» Dies tut das Kind
dann auch im Schlaf und erwacht
dadurch, so dass es die Notdurft
ausser Bett verrichten kann.

Nr. 5: Kalium phosphoricum
Nr. 10: Natrium sulfuricum
Leib, besonders Füsse
warmhalten,
auf die Nacht Flüssigkeitsaufnahme einschränken,
keine Drohungen!

Englische Krankheit
beim Kleinkind oft im Zusammenhang mit Vitamin C-Mangel

Nr. 2: Calcium phosphoricum
Nr. 1: Calcium fluoratum
vitaminreiche Kost

Fieber: akutes
→ Arzt konsultieren!

Nr. 3: Ferrum phosphoricum
Nr. 5: Kalium phosphoricum
abwechselnd

hohes Fieber über 39°C beim
Kind

Nr. 5: Kalium phosphoricum-
reichlich,
auch als Lösung

ohne ersichtliche Ursache
bei Kindern häufig das Anzeichen
einer Infektionskrankheit (Masern
etc.)

Nr. 3: Ferrum phosphoricum
abwechselnd mit
Nr. 5: Kalium phosphoricum
reichlich

Heufieber – Heuschnupfen

Nr. 3: Ferrum phosphoricum
reichlich abwechselnd mit
Nr. 4: Kalium chloratum
danach alle 2 Stunden 1 Tablette

Impfschäden
bei Impfschäden und als Vorbeugung

Nr. 5: Kalium phosphoricum
mit einem Körnchen Kochsalz in
einem Glas warmen Wassers

Keuchhusten
→ Arzt konsultieren!

1. Stadium meist gewöhnlicher
Husten ca. 1–2 Wochen
2. Stadium mit Attacken von
Krampfhusten:
Nr. 3: Ferrum phosphoricum
abwechselnd mit
Nr. 7: Magnesium phosphoricum
plus täglich
Nr. 4 : Kalium chloratum-Tabl.
vorbeugend
Nr. 2: Calcium phosphoricum
Nr. 5: Kalium phosphoricum
täglich
Keuchhusten ist ein Bronchial-
katarrh, daher Erkältungen verhü-
ten, um schwere Lungen- oder
Bronchialleiden zu vermeiden.
Bei trockener Luft
tritt oft zusammen mit Schnupfen
und Heiserkeit auf
Nr. 3: Ferrum phosphoricum evtl.
Nr. 4: Kalium chloratum

Kinderlähmung
→ Arzt konsultieren!

Nr. 5: Kalium phosphoricum
1/4 stündlich 1 Tablette
Nr. 3: Ferrum phosphoricum
stündlich 1 Tablette
zum Ausheilen 3–4 x täglich
Nr. 5: Kalium phosphoricum
vorbeugend:
jeden Schnupfen, Fieber und
Katarrh gründlich behandeln

Kindertuberkulose

Nr. 2: Calcium phosphoricum
Nr. 3: Ferrum phosphoricum
stündlich je 1 Tablette
später alle 2 Stunden
Nebenmittel:
Nr. 7: Magnesium phosphoricum
Nr. 11: Silicea
Nr. 8: Natrium chloratum
kochsalzarme Kost

Kropf
bei Jugendlichen meist weich und
gleichmässig

Jodmangel
Nr. 15: Kalium jodatum täglich
3 Tabletten

Mandeln (Gaumenmandeln)
chronisch geschwollen
→ Arzt konsultieren!

Nr. 4: Kalium chloratum
Nr. 8: Natrium chloratum
Nr. 6: Kalium sulfuricum
wenn irgendmöglich Mandeln
nicht herausschneiden oder
schälen
Kinder ohne Gaumenmandeln
sind Infektionskrankheiten,
welche durch den Mund eintreten,
stärker ausgesetzt.

Masern
→ Arzt konsultieren!

Nr. 5: Kalium phosphoricum
reichlich
Nebenmittel:
Nr. 3: Ferrum phosphoricum
Nr. 4: Kalium chloratum
Nr. 6: Kalium sulfuricum
Vorsichtshalber wegen Nach-
folgekrankheiten, z.B. Gelenk-
und Nervenentzündungen tägl.
Nr. 5: Kalium phosphoricum ein
paar Wochen lang einnehmen

Milchschorf
Ursache: meist einseitige und zu
fettreiche Nahrung

Nr. 9: Natrium phosphoricum
fettarme Nahrung
Kuhmilch ist mit Wasser zu ver-
dünnen

Mitesser

Nr. 9: Natrium phosphoricum
Nr. 8: Natrium chloratum
kräftige Hautmassage mit Hand-
tuch und heissem Wasser,
keine Seife verwenden

Mudern
bei Kindern

Nr. 3: Ferrum phosphoricum
Nr. 5: Kalium phosphoricum
Damit werden oft drohende
Krankheiten verhütet oder
zunächst gemildert.

Mumps
→ Arzt konsultieren!
Ansteckende Infektionskrankheit

Nr. 3: Ferrum phosphoricum
Nr. 4: Kalium chloratum
Nr. 5: Kalium phosphoricum
warmhalten

Nasenbluten	Nr. 3: Ferrum phosphoricum
	alle 3 Min. einschnupfen von
	Nr. 3: Ferrum phosphoricum-
	Lösung
	Nr. 3: Ferrum phosphoricum-
	Salbe applizieren
Scharlach	Bettruhe
→ Arzt konsultieren!	Nr. 3: Ferrum phosphoricum
	Nr. 5: Kalium phosphoricum
	Hauptmittel über längere Zeit ein-
	nehmen
	vorbeugend gegen gefährliche
	Nachkrankheiten:
	Nr. 5: Kalium phosphoricum
	Nr. 2: Calcium phosphoricum
	über ein paar Wochen hinweg
	einnehmen
Schwämmchen	Nr. 5: Kalium phosphoricum
Pilzerkrankung	Nr. 4: Kalium chloratum 4 x täg-
	lich
	keine sauren Speisen
	spülen mit Salbeitee
Mangelndes Wachstum	Nr. 2: Calcium phosphoricum
	stündlich abwechselnd mit
	Nr. 8: Natrium chloratum
	Nr. 1: Calcium fluoratum 3 x täg-
	lich 1 Tablette
	Kochsalzgenuss einschränken

Warzen	Nr. 4: Kalium chloratum innerlich alle 2 Stunden 1 Tablette äusserlich: betupfen der Warzen mit Nr. 4: Kalium chloratum-Lösung oder Salbe auftragen
Windpocken, Blattern → Arzt konsultieren! Wilde Blattern	Nr. 5: Kalium phosphoricum über längere Zeit öfters einnehmen Nr. 3: Ferrum phosphoricum Nr. 5: Kalium phosphoricum
Wundsein bei Kindern	Nr. 3: Ferrum phosphoricum Nr. 3: Ferrum phosphoricum-Salbe oder -Puder Bäder mit Nr. 3: Ferrum phosphoricum-Lösung
Zahnen bei Kindern	1. für Milchzähne: Einerseits sollte die Mutter durch Einnahme von Nr. 2: Calcium phosphoricum und Nr. 1: Calcium fluoratum vorsorgen für eine richtige Nahrung des Säuglings. Anderseits gibt man in jeden Schoppen 4–10 Nr. 2: Calcium phosphoricum - Tabletten und 4 Tabletten Nr. 1: Calcium fluoratum 2. für bleibendes Gebiss: Da der Zahnwechsel zum bleibenden Gebiss vom 7. bis zum 12. Jahr dauert, sollte man besorgt

sein, dass vom 5., 6. Jahr an die nötigen Mineralien für den Zahnaufbau in der täglichen Nahrung enthalten sind. Da oft
Nr. 1: Calcium fluoratum mangelt, sollte man dieses Nährsalz dem jugendlichen Körper zufügen.
Nr. 1: Calcium fluoratum
3 x täglich 2 Tabletten
Die Wichtigkeit gesunder Zähne ist von grosser Bedeutung, deshalb ist es diese kleine Mühe wert.

Verhalten bei Krebs

Krebs

→ unbedingt vom Arzt behandeln lassen!

Krebs tritt auf, wo organisiertes Leben ist.

Krebs ist keine Krankheit im üblichen Sinne, sondern vielmehr ein physiologisches Phänomen. Er manifestiert sich vornehmlich im Epithel-Gewebe (Haut, Schleimhäute, Drüsen) und im Binde- und Stützgewebe, wobei man dann von einem Sarkom spricht.

Krebs entwickelt innerhalb des Körpers eine Art Eigengesetzlichkeit, die dann in eine immer stärker werdende Eigendynamik ausartet mit der für den Krebs charakteristischen parasitären Lebensform.

Dies äussert sich speziell darin, dass eine wilde Zellvermehrung mehr und mehr in gesundes Gewebe hineinwächst, dieses verdrängt und schwächt. Zudem kommt es zu einer zunehmenden Blutarmut.

Man spricht auch von einer wuchernden symbiotischen Zelle (Epithel-Syphonosphat), welche bei einem zu stark natronalkalischen Blut als Nährboden entsteht. Statt einer Alkalität von 7,4 pH zeigt Krebsblut einen pH-Wert von 7,6 und mehr.

Es fehlt dem Blut Silicea und Calcium fluoratum.

Die genaue Ursache von Krebs ist bis heute noch unbekannt. Man ist sich heute zwar ziemlich sicher, dass es sich um eine Veränderung der Zellinformation, also einen veränderten Chromosomensatz, eine veränderte Sequenz im Chromosomensatz handelt, die bei der Zellteilung (Zellerneuerung) auftreten kann. Warum dem jedoch so ist, ist noch nicht bekannt.

Viele Möglichkeiten werden diskutiert, sicher aber spielen Ernährung, das Lebensumfeld, Lebensbedingungen und die Psyche eine nicht zu unterschätzende Rolle. Dasselbe gilt für das Immunsystem, das dafür sorgt, dass allfällige Krebszellen zerstört und beseitigt werden.

Kann es dieser Aufgabe durch Schwächung nicht mehr gerecht werden, ist der wuchernden Zelle kein Einhalt mehr zu bieten. Nur noch medizinische Eingriffe können dann noch helfen.

Krebs ist an kein Alter gebunden, doch tritt er vornehmlich im fortgeschrittenen Alter auf.

Es empfiehlt sich daher, die Stoffe zu ergänzen, die bei zunehmendem Alter oft nicht mehr in genügender Menge vorhanden sind. Wie zuvor schon erwähnt, entwickelt sich Krebs vornehmlich in einem Säure-Base-Ungleichgewicht des Blutes und der Körpersäfte hin zur alkalischen Seite. Dies hat seinen Ursprung im Mangel der zum Gleichgewicht nötigen sauer reagierenden Mineralsalze. Dadurch ist es möglich, dass die Alkalität langsam wachsend zu stark werden kann. Silicea, Calcium fluoratum und das phosphorsaure Kalium sind vermindert vorhanden, das stark alkalische Natrium phosphoricum jedoch vermehrt.

Durch die übermässige Alkalität wird zudem das Hormongleichgewicht empfindlich gestört – Hormone sind saurer Natur und helfen, das Säure-Base-Gleichgewicht in Balance zu halten.

Um dem Krebserkrankten wieder eine Heilungschance zu bieten, gilt neben allen der heutigen Medizin zur Verfügung stehenden Therapien, dass ein gesundes Säure-Base-Gleichgewicht wiederhergestellt werden kann.

Nr. 11: Silicea
Nr. 1: Calcium fluoratum
Nr. 5: Kalium phosphoricum

Eine interessante Tatsache ist, das
es in der ganzen Welt keinen
akuten Gichtkranken gibt (Harnsaure Diathese), der zugleich
krebskrank ist. Die Erklärung
dazu: Der Gichtkranke hat ein zu
saures Blut (pH 7,2 – 7,3).
Bei Krebskranken ist eine
kochsalzarme, reine Oelküche
(Olivenöl) zu empfehlen.
Nicht zu viel oder gar keine
tierischen und hydrierte Fette.
Vermeiden von Butter, Rahm,
Backwaren. Dasselbe gilt für
Genussgifte.
Viel Gemüse, viel Obst.
Im fortgeschrittenen Alter die zu
mangeln beginnenden Mineralsalze ergänzen, damit der Mangel
im Körperhaushalt ausgeglichen
wird, damit das gesunde Säure-
Base-Gleichgewicht erhalten
werden kann.

Nr. 1: Calcium fluoratum
Nr. 5: Kalium phosphoricum
Nr. 11: Silicea
täglich einige Tabletten einnehmen

Mund, Zähne

Amalgamfüllungsbelastung

Amalgamfüllungen wenn möglich durch heute andere zur Verfügung stehende Füllmaterialien ersetzen lassen.
Sich diesbezüglich von einem guten Zahnarzt beraten lassen!

Nr. 8: Natrium chloratum
Nr. 10: Natrium sulfuricum

Backengeschwulst

Vom Arzt abklären lassen, was der Grund dieser Geschwulst ist!

Nr. 4: Kalium chloratum
Nr. 9: Natrium phosphoricum
Nr. 11: Silicea

Zahnschmerzen

bei schadhaften Zähnen so rasch wie möglich einen Zahnarzt aufsuchen!

Nr. 1: Calcium fluoratum
Nr. 2: Calcium phosphoricum

bei Blutandrang

Nr. 3: Ferrum phosphoricum
mehrmals in kurzen Zeitabständen

nervösen Ursprungs

Nr. 5: Kalium phosphoricum
Nr. 7: Magnesium phosphoricum
in stündlicher Abwechslung
zusätzlich:
Nr. 7: Magnesium phosphoricum

bei Neigung zu Eiterung

Nr. 5: Kalium phosphoricum
öfters einnehmen
Nr. 11: Silicea stündlich 1 Tabl.
Zur völligen Ausheilung noch über längere Zeit einige Tabletten täglich von beiden Salzen einnehmen.

Zahnen bei Kindern	Die Mutter sollte schon vor der Geburt durch Einnahme von Nr. 2: Calcium phosphoricum und Nr. 1: Calcium fluoratum für eine gesunde Versorgung des Heranwachsenden mit den nötigen Salzen sorgen.
Parodontose, lockeres Zahnfleisch, Zahnfleischschwund	Nr. 1: Calcium fluoratum Nr. 11: Silicea abwechselnd mit Nr. 5: Kalium phosphoricum über längere Zeit

Neurosystem, Psychosomatik, Gehirn, Nerven, Autonomes Nervensystem, Psyche

Ängstlichkeit

Nr. 5: Kalium phosphoricum
Nr. 7: Magnesium phosphoricum

Depression
(Seelische Niedergeschlagenheit)

Nr. 5: Kalium phosphoricum
stdl. bis alle 2 Stunden 1 Tablette

Gedächtnisschwäche

Nr. 5: Kalium phosphoricum
Alkohol und Nikotin meiden
Tiefenatmung, Hirn mit genügend
Sauerstoff versorgen
Im Alter:
Nr. 1: Calcium fluoratum
Nr. 11: Silicea
Nr. 5: Kalium phosphoricum

Gehirnerschütterung

Nr. 5: Kalium phosphoricum
anfänglich halbstündlich 1 Tablette
danach über Wochen 3 x täglich
1 Tablette
zusätzlich 6 x täglich
1 Tablette
Nr. 1: Calcium fluoratum und
Nr. 11: Silicea

bei Sehstörungen

Nr. 7: Magnesium phosphoricum
öfters, 3 Wochen Bettruhe, sonst
riskiert man ein Leben lang Kopfschmerzen

mit Bluterguss

anfänglich
Nr. 3: Ferrum phosphoricum plus
Nr. 5: Kalium phosphoricum
danach wie oben beschrieben

Gehirnentzündung
→ sofort Arzt konsultieren!
Ursachen können verschiedene
Infektionen sein

Nr. 5: Kalium phosphoricum
Nr. 3: Ferrum phosphoricum
andere Mittel nach Abklärung
der Ursache

Gehirnhautentzündung
→ sofort Arzt konsultieren!

serös

Nr. 3: Ferrum phosphoricum

tuberkulös

Nr. 3: Ferrum phosphoricum
1/4 stündlich
Nr. 2: Calcium phosphoricum
halbstündlich in Wasser gelöst einnehmen
zusätzliche Mittel:
Nr. 9: Natrium phosphoricum
Nr. 7: Magnesium phosphoricum
3–4 x täglich als Lösung einnehmen

Epidemische Genickstarre
→ sofort Arzt konsultieren!

Nr. 5: Kalium phosphoricum
öfters einnehmen in gelöster Form
Nr. 3: Ferrum phosphoricum
besonders gegen Schmerzen
zusätzliche Mittel sind:
je nach Ursache
Nr. 4: Kalium chloratum
Nr. 2: Calcium phosphoricum

Geistes- und Gemütskrankheiten
→ Arzt konsultieren!
Bei Verdacht auf Geschwülste
oder Verletzungen
→ sofort Arzt konsultieren!

Je nach Symptom und Konstitution Hauptmittel
Nr. 5: Kalium phosphoricum in
reichlichen Gaben

Gesichtslähmung	Nr. 5: Kalium phosphoricum
Fascialislähmung – meist einseitig	Einmassieren von
	Nr. 5: Kalium phosphoricum-Salbe

Hitzschlag

sofort an schattige Stelle bringen, Kleider öffnen
Nach neuer Auffassung ist starker Kochsalzverlust durch Schweiss die Ursache des Hitzschlages.
Eine kleine Messerspitze Kochsalz in einem Glas Wasser gelöst einnehmen
danach öfters
Nr. 5: Kalium phosphoricum
kühle Waschungen und Getränke

Kopfschmerzen
Kopfschmerzen haben sehr verschiedene Ursachen, die nicht immer leicht zu eruieren sind und, treten sie öfters auf, einer ärztlichen Untersuchung bedürfen.

Nervöse Kopfschmerzen
oft bei nervenschwachen, deprimierten Menschen

Nr. 5: Kalium phosphoricum

Einseitige Kopfschmerzen
(Migräne)
(Neuralgie)

Nr. 7: Magnesium phosphoricum
öfters in heisser Lösung einnehmen, abwechselnd mit
Nr. 5: Kalium phosphoricum evtl.
Nr. 7: Magnesium phosphoricum-Salbe entlang dem Haaransatz und um die Ohren leicht einmassieren

Dumpfe, pressende und bohrende Kopfschmerzen, meist vormittags auftretend	Nr. 8: Natrium chloratum Kochsalzgenuss einschränken
Kopfschmerzen verbunden mit Fieber meist erste Anzeichen einer Infektionskrankheit	Nr. 3: Ferrum phosphoricum Nr. 5: Kalium phosphoricum
Kopfschmerzen durch Blutandrang im Kopf	Nr. 3: Ferrum phosphoricum öfters einnehmen abwechselnd mit tägl. 3–4 Tabletten Nr. 1: Calcium fluoratum
Kopfschmerzen bei Blutarmut	Nr. 2: Calcium phosphoricum Nr. 3: Ferrum phosphoricum Nr. 8: Natrium chloratum
bei Darmträgheit	Nr. 3: Ferrum phosphoricum zusätzlich morgens nüchtern1 gr. Nr. 3: Ferrum phosphoricum gelöst in 2–3 Deziliter warmem Wasser ebenso vor den Hauptmahlzeiten kochsalzarme Kost
bei Arterienverkalkung	Nr. 3: Ferrum phosphoricum Nr. 1: Calcium fluoratum Nr. 11: Silicea
Kopfschmerzen vom Nacken ausgehend	Nr. 11: Silicea Zusätzlich kann Nr. 7: Magnesium phosphoricum eingenommen werden.

Kopfschmerzen mit dumpfer Müdigkeit oft erste Anzeichen von Grippe	Nr. 3: Ferrum phosphoricum abwechselnd mit Nr. 10: Natrium sulfuricum Nr. 3: Ferrum phosphoricum In der ersten Stunde bis zu 20 Tabletten, eine nach der anderen etwa alle 3 Min. einnehmen. danach reichlich Nr. 5: Kalium phosphoricum (siehe Grippe)
Kopfschmerzen mit Frostempfindung (nicht zu verwechseln mit Schüttelfrost)	Nr. 8: Natrium chloratum Nr. 7: Magnesium phosphoricum
Kopfschmerzen bei Verdauungsstörungen	Nr. 3: Ferrum phosphoricum Nr. 9: Natrium phosphoricum Nr. 7: Magnesium phosphoricum Nr. 8: Natrium chloratum einen Tag fasten
Kopfschmerzen bei geistiger Überanstrengung, Kummer, Ärger	Nr. 5: Kalium phosphoricum Ruhe
bei körperlicher Überanstrengung	Nr. 3: Ferrum phosphoricum Ruhe

bei zu dickem Blut
Mangel an Wasser im Blut
Harn zu konzentriert, stark gelb
Diese Kopfschmerzen können
auch chronisch auftreten, besonders bei Menschen ohne Durst-
gefühl.

Lösung von 3 dl. warmem Wasser,
in dem 10 Tablette
Nr. 5: Kalium phosphoricum aufgelöst wurden, einnehmen
stets für genügend Flüssigkeits-
zufuhr sorgen
salzarme Diät
Genussmittel wie Alkohol und
Nikotin meiden

bei Vergiftungen
→ sofort Arzt konsultieren!

Krämpfe

Nr. 7: Magnesium phosphoricum
als heisse Lösung einnehmen
in Schlückchen schlürfen.
Dadurch erreicht man ein schnel-
leres Diffundieren der kleinen
Mineralsalzmengen durch Zunge
und Rachenschleimhäute ins Blut.
Zusätzliche Mittel:
nach Ursache oder Prädisposition
Nr. 5: Kalium phosphoricum
Nr. 2: Calcium phosphoricum
Nr. 10: Natrium sulfuricum

bei Kindern
→ Arzt konsultieren!

Verkrampfung am ganzen Körper
(Giechter)
Nr. 7: Magnesium phosphoricum
heisse Lösung öfters geben
aufsteigendes Bad von 37° bis 42°
mit ca. 10 gr.
Nr. 7: Magnesium phosphoricum
darin aufgelöst

Bei zahnenden Kleinkindern ohne Fieber	Nr. 7: Magnesium phosphoricum-Lösung heiss einflössen
Nach körperlicher und geistiger Übermüdung	zuerst heisse Nr. 7: Magnesium phosphoricum-Lösung danach reichlich Nr. 5: Kalium phosphoricum und Nr. 3: Ferrum phosphoricum
Muskelschwund durch Nervenlähmung	über lange Zeit stündlich Nr. 5: Kalium phosphoricum zusätzlich Massage mit Nr. 5: Kalium phosphoricum-Salbe Zusätzliche Mittel: Nr. 1: Calcium fluoratum Nr. 7: Magnesium phosphoricum leichte Elektrotherapie (Faradisation)
Nervenentzündung akut	Nr. 5: Kalium phosphoricum öfters einnehmen auch als Salbe verwenden Zusätzlich: Nr. 3: Ferrum phosphoricum
chronische Form	Nr. 5: Kalium phosphoricum abwechselnd mit Nr. 11: Silicea ebenfalls als Salben verwenden Zusätzliches Mittel: Nr. 1: Calcium fluoratum

Nervenschwäche **Neurasthenie**	Nr. 5: Kalium phosphoricum Nr. 7: Magnesium phosphoricum Nr. 2: Calcium phosphoricum Ruhe warme Frottierungen mit kühlen Nachwaschungen Tiefenatmung viel Bewegung an frischer Luft ausgewogene Ernährung
Nervöse Störungen des **Sympathischen Nervensystems** Es können dadurch in den ver- schiedensten Organen, die von diesen Nerven versorgt werden, funktionelle Störungen auftreten. Mal ist es das Herz, ein andermal die Leber, dann wieder der Magen oder die Bauchspeichel- drüse, dann die Milz, dann der Darm usw.	alle diese Störungen verlangen reichlich Nr. 5: Kalium phosphoricum Zusätzliche Mittel je nach Alter und Prädisposition
Platzangst	Nr. 5: Kalium phosphoricum
Schlaflosigkeit	Nr. 5: Kalium phosphoricum stündlich 1 Tablette warme Lösung vor dem Schlafen- gehen bei schlechtem Einschlafen hilft oft eine Lösung von Nr. 8: Natrium chloratum nach schweren Malzeiten, Nr. 9: Natrium phosphoricum

bei starker geistiger und körperlicher Übermüdung	Nr. 5: Kalium phosphoricum und Nr. 3: Ferrum phosphoricum evtl. als Lösung
bei Blutandrang	Nr. 3: Ferrum phosphoricum stündlich 1 Tablette evtl. heisse Fusswickel
bei blassen, reizbaren Personen Die Blässe wird bei diesen Menschen oft nicht durch Blutarmut, sondern durch Krampf der kapillaren Blutgefässe hervorgerufen. Ursache können Stoffwechselgifte sein (z.B. Darmträgheit)	Nr. 7: Magnesium phosphoricum
bei blutarmen, schwächlichen Menschen	Nr. 2: Calcium phosphoricum reichlich einnehmen über längere Zeit
bei Schmerzen	Nr. 7: Magnesium phosphoricum
Entzündungsschmerzen Wundschmerzen z.B. Knochenbrüche	Nr. 3: Ferrum phosphoricum auch Nr. 5: Kalium phosphoricum und Nr. 2: Calcium phosphoricum
Schmerzen	Nr. 7: Magnesium phosphoricum

Schlaganfall

→ sofort Arzt rufen!
Körper flachlegen, mit erhöhtem
Oberkörper, beengende Kleidungsstücke entfernen, Hände
und Füsse warm einpacken

anfangs
Nr. 3: Ferrum phosphoricum
öfters in einem Teelöffel heissem
Wasser geben
Nr. 2: Calcium phosphoricum alle
2 Stunden 1 Tablette Prophyl-
aktisch gegen weitere Attacken:
Nr. 2: Calcium phosphoricum
Nr. 11: Silicea

Schluckauf

Heisse Lösung von
Nr. 7: Magnesium phosphoricum
kurz Atem anhalten

Schwindel

ist keine selbständige Krankheit.
Meist bewirkt aber Verkrampfung
der Kopfarterien Blutleere im
Kopf.
Weiter durch Blutarmut oder Ner-
venschwäche

Heisse
Nr. 7: Magnesium phosphoricum-
Lösung

Tränenfluss

Nr. 8: Natrium chloratum öfters
einnehmen
Nr. 3: Ferrum phosphoricum
stündlich 1 Tablette

Überanstrengung (geistige)

Nr. 5: Kalium phosphoricum am
besten als Lösung

Überanstrengung (körperliche)

Nr. 3: Ferrum phosphoricum
öfters einnehmen dazu noch am
besten heisse
Nr. 7: Magnesium phosphoricum-
Lösung

Unruhige Hände und Füsse
welche bewegt werden müssen,
vor allem vor dem Einschlafen im
Bett

Heisse
Nr. 7: Magnesium phosphoricum-
Lösung
Oft helfen auch einige Gaben
von
Nr. 8: Natrium chloratum.

Veitstanz
→ Arzt konsultieren!

Nr. 7: Magnesium phosphoricum
Nr. 5: Kalium phosphoricum
abwechselnd
Nr. 2: Calcium phosphoricum
reizarme vegetarische Kost

Anhang

Angst mit Enge und Luftmangel	Nr. 2: Calcium phosphoricum Nr. 6: Kalium sulfuricum
Benommenheit	Nr. 5: Kalium phosphoricum Nr. 8: Natrium chloratum
Beruhigung des Gedanken- **flusses**	Nr. 2: Calcium phosphoricum Nr. 6: Kalium sulfuricum Nr. 7: Magnesium phosphoricum
Depression	Nr. 2: Calcium phosphoricum Nr. 5: Kalium phosphoricum Nr. 15: Kalium jodatum Nr. 16: Lithium chloratum
Elektromagnetisch bedingte **psychische und psychosoma-** **tische Störungen**	Nr. 4: Kalium chloratum Nr. 7: Magnesium phosphoricum
Energiemangel	Nr. 3: Ferrum phosphoricum Nr. 5: Kalium phosphoricum Nr. 8: Natrium chloratum
Entzug von Suchtmitteln	Nr. 7: Magnesium phosphoricum
Ermüdungserscheinungen → vom Arzt abklären lassen Ermüdungserscheinungen können viele Ursachen haben!	
bei Übersäuerung	Nr. 9 : Natrium phosphoricum
Ermüdung geistiger Art	Nr. 3: Ferrum phosphoricum

247

Mangelnde Sauerstoffaufnahme	Nr. 3: Ferrum phosphoricum Nr. 6: Kalium sulfuricum
Erschöpfungszustände → vom Arzt abklären lassen!	Nr. 5: Kalium phosphoricum Nr. 8: Natrium chloratum Nr. 22: Calcium carbonicum
Nervöse Form von Erschöpfungszuständen	Nr. 5: Kalium phosphoricum Nr. 8: Natrium chloratum
bei innerer Unruhe	Nr. 7: Magnesium phosphoricum
im Zusammenhang mit Gewichts- abnahme	Nr. 2: Calcium phosphoricum Nr. 16: Lithium chloratum
Fehlender Mut	Nr. 5: Kalium phosphoricum
Frühjahrsmüdigkeit	Nr. 3: Ferrum phosphoricum Nr. 6: Kalium sulfuricum Nr. 9: Natrium phosphoricum Nr. 10: Natrium sulfuricum Nr. 11: Silicea
Besseres Gedächtnis	Nr. 5: Kalium phosphoricum Nr. 8: Natrium chloratum
bei Gedächtnisleiden	Nr. 5: Kalium phosphoricum Nr. 8: Natrium chloratum Nr. 10: Natrium sulfuricum Nr. 11: Silicea

Wenn das Gedächtnis Schwierigkeiten hat, Neues aufnehmen zu können	Nr. 2: Calcium phosphoricum Nr. 5: Kalium phosphoricum Nr. 8: Natrium chloratum Nr. 11: Silicea
Gehirn zur Verbesserung der Energieversorgung des Gehirns	Nr. 8: Natrium chloratum
Gemütszustände ängstlich	Nr. 2: Calcium phosphoricum
gereizt	Nr. 2: Calcium phosphoricum
depressiv	Nr. 5: Kalium phosphoricum
zaghaft, zögernd	Nr. 2: Calcium phosphoricum Nr. 5: Kalium phosphoricum
Weinerlichkeit	Nr. 8: Natrium chloratum
innere Unruhe	Nr. 7: Magnesium phosphoricum
Hang zu Gleichgültigkeit	Nr. 5: Kalium phosphoricum Nr. 8: Natrium chloratum Nr. 10: Natrium sulfuricum
Hysterie	Nr. 3: Ferrum phosphoricum Nr. 5: Kalium phosphoricum Nr. 7: Magnesium phosphoricum
hervorgerufen durch Übersäuerung	Nr. 9: Natrium phosphoricum Nr. 5: Kalium phosphoricum Nr. 6: Kalium sulfuricum Nr. 8: Natrium chloratum

Konzentrationsmangel

Nr. 3: Ferrum phosphoricum
Nr. 5: Kalium phosphoricum
Nr. 6: Kalium sulfuricum
Nr. 8: Natrium chloratum

Lethargie, Apathie

Nr. 5: Kalium phosphoricum
Nr. 8: Natrium chloratum
Nr. 10: Natrium sulfuricum
Nr. 22: Calcium carbonicum

Lebensunlust
Suizidtendenz
→ Arzt konsultieren!

Nr. 5: Kalium phosphoricum
Nr. 8: Natrium chloratum
Nr. 10: Natrium sulfuricum
Nr. 11: Silicea

Müdigkeit (ständig)
→ vom Arzt abklären lassen!

Nr. 3: Ferrum phosphoricum
Nr. 5: Kalium phosphoricum
Nr. 8: Natrium chloratum
Nr. 9: Natrium phosphoricum

**Übermässige Müdigkeit nach
dem Essen**

Nr. 3: Ferrum phosphoricum
Nr. 9: Natrium phosphoricum
Nr. 8: Natrium chloratum
Nr. 10: Natrium sulfuricum

Mutlosigkeit

Nr. 5: Kalium phosphoricum
Nr. 8: Natrium chloratum

Nervosität

Nr. 2: Calcium phosphoricum
Nr. 7: Magnesium phosphoricum
Nr. 5: Kalium phosphoricum
Nr. 8: Natrium chloratum

Platzangst	Nr. 2: Calcium phosphoricum
	Nr. 4: Kalium chloratum
	Nr. 11: Silicea
Suchtmittelentzug	Nr. 7: Magnesium phosphoricum
Tendenz zu Schläfrigkeit	Nr. 10: Natrium sulfuricum
	Nr. 5: Kalium phosphoricum
	Nr. 8: Natrium chloratum
Wetterfühligkeit	Nr. 2: Calcium phosphoricum
	Nr. 7: Magnesium phosphoricum
	Nr. 5: Kalium phosphoricum
	Nr. 8: Natrium chloratum
Willensschwäche	Nr. 5: Kalium phosphoricum
	Nr. 8: Natrium chloratum
Zittern	
bei Schwächezuständen	Nr. 2: Calcium phosphoricum
Schüttelfrost	Nr. 3: Ferrum phosphoricum
innere Unruhe	Nr. 5: Kalium phosphoricum
bei Kältegefühl	Nr. 7: Magnesium phosphoricum
	Nr. 8: Natrium chloratum
Stärkung des vegetativen Nervensystems	Nr. 2: Calcium phosphoricum
	Nr. 5: Kalium phosphoricum
	Nr. 7: Magnesium phosphoricum
Vergesslichkeit	Nr. 1: Calcium fluoratum
	Nr. 5: Kalium phosphoricum

Nieren, Blase, Urogenitalbereich

Bettnässen

Nr. 5: Kalium phosphoricum
Nr. 10: Natrium sulfuricum
therapeutische Massnahmen
nicht drohen!

Blasenkatarrh
akut

Nr. 3: Ferrum phosphoricum
Nr. 4: Kalium chloratum
Nr. 9: Natrium phosphoricum
Nr. 5 : Kalium phosphoricum

chronisch

Nr. 5: Kalium phosphoricum
Nr. 11: Silicea
Nr. 9: Natrium phosphoricum
Wärme

mit Stein- oder Griessbildung

Nr. 11: Silicea
Nr. 9: Natrium phosphoricum

Blasenkrampf

Nr. 7: Magnesium phosphoricum
als heisse Lösung einnehmen
Nr. 11: Silicea
Wärme

**Blasenschliessmuskel-
Schwäche**

Nr. 5: Kalium phosphoricum
Nr. 3: Ferrum phosphoricum
Nr. 10: Natrium sulfuricum

Frauenleiden
→ Arzt konsultieren!

Geburt, Schwangerschaft	Nr. 2: Calcium phosphoricum Nr. 7: Magnesium phosphoricum viel Bewegung an frischer Luft Tiefenatmung reichlich Obst und Gemüse, mässig Fleisch und Eier wenn irgend möglich keine Genussgifte (Nikotin, Alkohol) in den letzten 4 Monaten 3 x tägl. Nr. 1: Calcium fluoratum Nr. 2: Calcium phosphoricum Nr. 5: Kalium phosphoricum in den letzten 2 Monaten
Erbrechen und Krämpfe während der Schwangerschaft	Nr. 7: Magnesium phosphoricum als heisse Lösung, wenn nötig alle 5 Min.
Wehen zu schwach	Nr. 5: Kalium phosphoricum alle 10 Min.
Stärkere Blutung nach der Geburt → Arzt rufen!	inzwischen Nr. 3: Ferrum phosphoricum und alle 5 Min. kühle Kompressen auf die Oberschenkel
Nachwehen, schmerzhaft	Nr. 7: Magnesium phosphoricum evtl. als heisse Lösung

Geschlechtskrankheiten
→ Arzt konsultieren!

Hängeleib bei Frauen nach der Geburt	Nr. 1: Calcium fluoratum längere Zeit einnehmen Nr. 11: Silicea zudem täglich den Bauch mit Nr. 1: Calcium fluoratum-Salbe einreiben
Harn zu wenig → Arzt konsultieren! oft im Zusammenhang mit Herz-, Nieren- und Leberstörungen	Nr. 5: Kalium phosphoricum Nr. 10: Natrium sulfuricum abwechselnd
Harnverhalten → Arzt konsultieren!	Nr. 5: Kalium phosphoricum
Harnverhalten durch Prostata-vergrösserung → Arzt konsultieren!	Nr. 1: Calcium fluoratum längere Zeit einnehmen Nr. 5: Kalium phosphoricum-Salbe Nr. 11: Silicea-Salbe
Menstruationskrämpfe	Nr. 7: Magnesium phosphoricum 8 Tage vor Beginn der Menstruation 1 Tabl. tägl.
bei Krämpfen	Nr. 7: Magnesium phosphoricum-Lösung heiss Tiefenatmung Wärme

Nierenentzündung

akut
→ sofort Arzt konsultieren!

Nr. 3: Ferrum phosphoricum
öfters einnehmen
Nr. 5: Kalium phosphoricum kann
zusätzlich hinzugezogen werden
bei Eiweissabsonderung:
Nr. 2: Calcium phosphoricum
unbedingt Bettruhe
warmhalten
salzlose Diät

chronische Form
→ Arzt konsultieren!
meist nach Infektionskrankheiten

Nr. 5: Kalium phosphoricum
Zusätzlich können folgende Mittel
angewendet werden:
Nr. 6: Kalium sulfuricum
Nr. 11: Silicea
Nr. 1: Calcium fluoratum
Nr. 2: Calcium phosphoricum
warmhalten!
salzlose Diät

Nierenbeckenentzündung
→ Arzt konsultieren!
Ursache: oft infektiöser Blasen-
katarrh

Nr. 5: Kalium phosphoricum

durch harnsaure, phosphorsaure
oder oxalsaure Ausscheidung
entstandene Nierenbecken-
entzündung

Nr. 9: Natrium phosphoricum
öfters einnehmen
in Ergänzung mit
Nr. 11: Silicea (besonders bei
Eiterung)
Wärme, Ruhe
kochsalzarme Kost

Nierensteine, Nierengriess	Nr. 9: Natrium phosphoricum verhindert Griess Nr. 11: Silicea wirkt lösend beide Mittel abwechselnd über längere Zeit einnehmen. Harnsäurefreie Diät Wärme, Ruhe Tiefenatmungen salzarme Kost
bei Koliken	Nr. 7: Magnesium phosphoricum alle 5–10 Min. als heisse Lösung einnehmen heisser Tee intensive Wärme auf Nieren- gegend
Vergrösserte Prostata	Nr. 1: Calcium fluoratum Nr. 7: Magnesium phosphoricum Nr. 8: Natrium chloratum Nr. 10: Natrium sulfuricum

Sinnesorgane: Das Ohr

Mittelohrentzündung
→ Arzt konsultieren!
oft im Anschluss an eine unterdrückte Halsentzündung

Nr. 3: Ferrum phosphoricum
Nr. 5: Kalium phosphoricum
abwechselnd einnehmen
zusätzliche Mittel sind:
Nr. 4: Kalium chloratum
Nr. 6: Kalium sulfuricum

Mittelohrkatarrh

Nr. 5: Kalium phosphoricum
zusätzliche Mittel:
Nr. 11: Silicea
Nr. 9: Natrium phosphoricum

bei Eiterung

Nr. 9: Natrium phosphoricum

bei Verhärtung

Nr. 1: Calcium fluoratum

Ohrleiden
→ genaue Untersuchung durch den Arzt!

Ohrtrompete
verstopft durch Katarrh

Nr. 4: Kalium chloratum

verstopfte Eustachische Röhre
(Schwerhörigkeit)

Nr. 8: Natrium chloratum
zusätzlich kann Nr. 6: Kalium sulfuricum eingenommen werden
Salze längere Zeit einnehmen

Ohrschwäche

Nr. 2: Calcium phosphoricum
längere Zeit einnehmen
zusätzlich können eingenommen
werden:
Nr. 1: Calcium fluoratum
Nr. 11: Silicea

Verdauungsorgane, Magen, Darm

Abmagerung
Verdauungsstörungen
Zuckerkrankheit
Geschwüre, Geschwülste
Unterernährung durch einseitige
Ernährung
Stoffwechselstörung, Störung des
sympathischen Nervensystems
(Autonomes Nervensystem)
Tuberkulose
Parasiten
wichtig: ärztlich abklären lassen!

Nr. 2: Calcium phosphoricum
Nr. 8: Natrium chloratum

Afterjucken

Nr. 1: Calcium fluoratum
Nr. 3: Ferrum phosphoricum auch
äusserlich als Salbe
salzarme Ernährung

Afterschliessmuskel-Schwäche

Nr. 3: Ferrum phosphoricum
Nr. 2: Calcium phosphoricum

Afterschrunde

Nr. 1: Calcium fluoratum
Nr. 3: Ferrum phosphoricum auch
äusserlich als Salbe

Appetitlosigkeit
Nervöser Magen
Verdorbener Magen
aus dem Gleichgewicht geratenes
autonomes Nervensystem
(Sympatikus, Parasympathikus)
Leber-Gallenleiden
Infekte

Nr. 8: Natrium chloratum
Nr. 2: Calcium phosphoricum
bei Nervosität:
Nr. 5: Kalium phosphoricum
Nr. 7: Magnesium phosphoricum

Aufstossen

bei Nervosität (Magensäure-Über-
produktion)
bei Harnsäureüberschuss (erhöhter Harnsäurespiegel)
bei bitterem Aufstossen
bei nervösem Luftschlucken

Nr. 5: Kalium phosphoricum
Nr. 9: Natrium phosphoricum
nach jedem Essen
fette Speisen meiden
Nr. 10: Natrium sulfuricum (nach
fetten Speisen)
Nr. 3: Ferrum phosphoricum
Nr. 7: Magnesium phosphoricum
(heisse Lösung)

Bauchfellentzündung

meist mit hohem Fieber verbun-
den
Ursache: oft Darmdurchbruch –
Austreten des Darminhaltes in die
Bauchhöhle
→ dringend Notarzt rufen!
chronische Bauchfellentzündung
Verdacht auf Tuberkulose

alle 5 Min.
Nr. 5: Kalium phosphoricum in
wenig Wasser gelöst (1 Esslöffel)
1/4 stdl.
Nr. 3: Ferrum phosphoricum
ebenfalls gelöst

Nr. 2: Calcium phosphoricum
Nr. 3: Ferrum phosphoricum
Nr. 11: Silicea
Nr. 7: Magnesium phosphoricum

Bauchwassersucht

unbedingt kochsalzlose Diät
Oft sind Herz, Nieren, Leber, Milz
und die Bauchspeicheldrüse mitbeteiligt.

Nr. 5: Kalium phosphoricum
Nr. 10: Natrium sulfuricum
zusätzlich:
Nr. 8: Natrium chloratum
Nr. 1: Calcium fluoratum
Nr. 11: Silicea

Blähungen akut mit Windstauungen	Nr. 10: Natrium sulfuricum halbstündlich zusätzliche Funktionsmittel: Nr. 5: Kalium phosphoricum Nr. 4: Kalium chloratum Nr. 8: Natrium chloratum
chronisch	Nr. 10: Natrium sulfuricum alle 2 Std. zudem Nr. 1: Calcium fluoratum und Nr. 8: Natrium chloratum
Brechdurchfall, Brechruhr (Cholera nostris)	Nr. 10: Natrium sulfuricum Nr. 5: Kalium phosphoricum
bei Kindern	Nr. 5: Kalium phosphoricum 1/4 stündlich Nr. 10: Natrium sulfuricum stdl. bei Krämpfen heisse Nr. 7: Magnesium phosphoricum- Lösung keine Milch, jedoch dünner Reis- schleim, Fenchel- oder Schwarztee
Darmkatarrh akut (Diarrhoe) Ursache: Diätfehler, verdorbene Speisen, Erkältung, Infektion	Nr. 3: Ferrum phosphoricum Nr. 10: Natrium sulfuricum Nr. 5: Kalium phosphoricum Fasten, Wärme Schleimdiät Schwarztee
bei Krämpfen	zusätzlich heisse Lösung Nr. 7: Magnesium phosphoricum

bei ganzem Stuhl	Nr. 9: Natrium phosphoricum Nr. 5: Kalium phosphoricum
bei unverdautem, stark stinkendem Stuhl	Nr. 5: Kalium phosphoricum (öfters einnehmen) und etwas Nr. 3: Ferrum phosphoricum
bei Kindern stets	Nr. 5: Kalium phosphoricum in warmer Lösung
wenn chronisch → Arzt konsultieren! Verdacht auf Blutungen, Tuberkulose, Geschwüre, Infektion, Darmparasiten, Würmer	je nach Diagnose: Nr. 5: Kalium phosphoricum Nr. 8: Natrium chloratum Nr. 2: Calcium phosphoricum Nr. 10: Natrium sulfuricum Nr. 11: Silicea Schleimdiät

Darmträgheit

durch Darmerschlaffung: Kennzeichen: voraus harter Brocken, danach wieder weicher Stuhl nachfolgend	stündl. Nr. 3: Ferrum phosphoricum zusätzlich morgens nüchtern 8 Tabletten Ferrum phosphoricum gelöst in 2–3 dl warmem Wasser trinken, ebenso vor den Hauptmahlzeiten kochsalzarme, obstreiche Kost, Bauchmassagen Bewegung (Gymnastik)
Darmträgheit durch Verkrampfung: Kennzeichen: harter, brüchiger Stuhl	Nr. 7: Magnesium phosphoricum wie oben, einfach anstelle von Nr. 3: Ferrum phosphoricum Nr. 7: Magnesium phosphoricum

Altersdarmträgheit bedingt durch Erschlaffung der elastischen Fasern des Darmes	Nr. 1: Calcium fluoratum stünd- lich ergänzend: Nr. 3: Ferrum phosphoricum oder bei Verkrampfung Nr. 7: Magnesium phosphoricum
Darmverstopfung akut → Arzt konsultieren! Gefahr eines Darmverschlusses	Nr. 3: Ferrum phosphoricum Nr. 10: Natrium sulfuricum besonders bei Blähungskoliken leichte Massage des Bauches im Uhrzeigersinn
Durchfall	Nr. 3: Ferrum phosphoricum Nr. 10: Natrium sulfuricum Nr. 5: Kalium phosphoricum Fasten, Wärme Schleimdiät Schwarztee
Erbrechen nach Diätfehlern	Nr. 3: Ferrum phosphoricum Nr. 5: Kalium phosphoricum Ruhe heisser Tee
Erbrechen nach Gehirnerschütte- rung	Nr. 5: Kalium phosphoricum zu Beginn 1/4 bis 1/2 stündlich, danach wochenlang 3 x tägl. dazu 6 x tägl. Nr. 1: Calcium fluoratum und Nr. 11: Silicea

bei Sehstörungen

Nr. 7: Magnesium phosphoricum
3 Wochen Bettruhe, sonst riskiert
man ein Leben lang Kopfschmerzen

mit Bluterguss

zu Beginn
Nr. 3: Ferrum phosphoricum und
Nr. 5: Kalium phosphoricum
abwechselnd, danach wie oben

**Erbrechen ohne erkennbaren
Grund**
stets ein Zeichen tieferer gesund-
heitlicher Störung
→ gründliche Abklärung durch
    einen Arzt notwendig!
Ursachen können sein: Leiden des
Magen-Darm-Bereichs und der
damit verbundenen Organe,
Bauchfellentzündung, nervöse
Darmstörungen, Darmverwick-
lung, Geschwüre, Entzündungen,
Wucherungen, Erschlaffung,
Infektion, Parasiten

Erbrechen bei Schwangerschaft

Nr. 2: Calcium phosphoricum
Nr. 7: Magnesium phosphoricum
Nr. 1: Calcium fluoratum
Nr. 5: Kalium phosphoricum
viel frische Luft und gute Haut-
pflege

Erbrechen bei Säuglingen
Ursache meist Diätfehler: zuviel
oder zu einseitige Nahrung

Nr. 3: Ferrum phosphoricum
Nr. 9: Natrium phosphoricum

Erbrechen mit Krämpfen	heisse Nr. 7: Magnesium phosphoricum-Lösung
mit Druck und Blutandrang zum Kopf	Nr. 3: Ferrum phosphoricum öfters
wenn wässerig, meist mit Kopfschmerzen verbunden	Nr. 8: Natrium chloratum
Hämorrhoiden → Arzt konsultieren	Nr. 1: Calcium fluoratum Nr. 3: Ferrum phosphoricum täglich 3 x 2 Tabletten und/oder Salbe auftragen
Leibschmerzen → sofort Arzt konsultieren! Je nach Sitz der Ursache: Verdacht auf Blinddarmentzündung, geschwürige Durchbrüche oder andere schwere Störungen des Magen-Darm-Kanals	gegen Krämpfe: Nr. 7: Magnesium phosphoricum Nr. 7: Magnesium phosphoricum-Lösung (siehe auch Brechdurchfall, Darmkatarrh)
Magenbeschwerden bei fettiger Speise	Nr. 9: Natrium phosphoricum Nr. 10: Natrium sulfuricum abwechselnd
Magensenkung, Magenerweiterung	Nr. 1: Calcium fluoratum längere Zeit einnehmen
Magengeschwüre → Arzt konsultieren! Ursache: zuviel Säure	Nr. 5: Kalium phosphoricum längere Zeit einnehmen reizarme Nahrung in nicht zu grosser Menge

bei Blutabgang
Gesunde Magennerven erzeugen
eine gesunde Magensäurekonzen-
tration. Schwache Magennerven
können nicht aufhören, zu produ-
zieren, was dann zu einer
Magensäureüberkonzentrtion
führt. Kalium phosphoricum stärkt
die Nerven, so bleibt eine Über-
konzentration aus.

Nr. 3: Ferrum phosphoricum
abwechselnd mit
Nr. 5: Kalium phosphoricum

Magenkatarrh
meist Ernährungsfehler
belegte Zunge beobachten!
Ursache: schlechtes Kauen,
Erkältungen, Exzesse, Ärger,
Angst, Nervosität

Schleimdiät
Nr. 3: Ferrum phosphoricum
Nr. 8: Natrium chloratum
Nr. 5: Kalium phosphoricum

Magenkrampf

Heisse
Nr. 7: Magnesium phosphoricum-
Lösung

Magenschmerzen
akut

Nr. 3: Ferrum phosphoricum
Nr. 8: Natrium chloratum
Nr. 9: Natrium phosphoricum
Nr. 5: Kalium phosphoricum

chronisch
→ Arzt konsultieren!

Magensäure
Saures Aufstossen
Nervosität

Nr. 5: Kalium phosphoricum
längere Zeit einnehmen

bei zu Übersäuerung neigenden Menschen	Nr. 9: Natrium phosphoricum längere Zeit einnehmen basenreichere, säurearme Ernährung Magen nicht überbelasten durch zu reichliches Essen Kochsalz reduzieren
bei zuwenig Magensäure → Arzt konsultieren!	Nr. 8: Natrium chloratum Nr. 11: Silicea stündlich Nr. 1: Calcium fluoratum D Nr. 5: Kalium phosphoricum alle 2 Stunden kochsalzarme Kost
Sodbrennen mit Aufstossen von wässeriger, bitterlicher Flüssigkeit	Nr. 9: Natrium phosphoricum Nr. 10: Natrium sulfuricum Nr. 6: Kalium sulfuricum reizarme Kost
Typhus → Arzt beiziehen unbedingt notwendig! Meldepflichtig	Nr. 5: Kalium phosphoricum häufig geben streng fasten, jedoch genügend Flüssigkeit zu sich nehmen mit Nr. 5: Kalium phosphoricum darin nicht zu früh Nahrung aufnehmen
Verdauungsstörungen Appetitlosigkeit Darm – Magen	Nr. 8: Natrium chloratum Nr. 2: Calcium phosphoricum salzarme Diät bei Nervosität: Nr. 5: Kalium phosphoricum Nr. 7: Magnesium phosphoricum

Probleme beim Stuhlgang mit nachfolgendem Brennen und Schmerzen im Darm
Ursache: zu trockene Darmschleimhäute

Nr. 8: Natrium chloratum
stündlich
kochsalzarme Diät

Stuhlverstopfung
Darmträgheit

Nr. 3: Ferrum phosphoricum
jeden Morgen nüchtern heisse
Lösung mit 8 Tabletten in 2–3 dl
warmem Wasser aufgelöst trinken

Darmverkrampfung

Nr. 7: Magnesium phosphoricum
wie oben, nur anstelle von
Nr. 3: Ferrum phosphoricum
Nr. 7: Magnesium phosphoricum

Zungenbelag
weiss oder weissgrau, nicht schleimig

Nr. 4: Kalium chloratum

schmutzig-bräunlich-grün
Bittergeschmack

Nr. 10: Natrium sulfuricum

Mundgeruch – senffarben

Nr. 5: Kalium phosphoricum

goldgelb – feucht

Nr. 9: Natrium phosphoricum

gelbschleimig

Nr. 6: Kalium sulfuricum

Zunge rein – feucht
am Rande mit Speichelbläschen versehen

Nr. 8: Natrium chloratum

Vergiftungen

Alkohol	Nr. 8: Natrium chloratum Nr. 5: Kalium phosphoricum
Blei	Nr. 10: Natrium sulfuricum danach Nr. 7: Magnesium phosphoricum Nr. 8: Natrium chloratum
Blutvergiftung	Nr. 5: Kalium phosphoricum und Nr. 8: Natrium chloratum
Coffein	Nr. 7: Magnesium phosphoricum Nr. 9: Natrium phosphoricum
Fleisch	Nr. 8: Natrium chloratum Nr. 5: Kalium phosphoricum Nr. 7: Magnesium phosphoricum Nr. 10: Natrium sulfuricum
Harn	Nr. 9: Natrium phosphoricum Nr. 10: Natrium sulfuricum Nr. 7: Magnesium phosphoricum Nr. 4: Kalium chloratum
Impfung	Nr. 4: Kalium chloratum
Insektenstiche	Nr. 8: Natrium chloratum äusserlich Stich anfeuchten und Nr. 8: Natrium chloratum daraufstreuen oder Salbenverband auflegen
Kokain	Nr. 8: Natrium chloratum Nr. 5: Kalium phosphoricum

Morphium	Nr. 8: Natrium chloratum
	Nr. 7: Magnesium phosphoricum
	Nr. 5: Kalium phosphoricum
Nikotin	Nr. 8: Natrium chloratum
	Nr. 7: Magnesium phosphoricum
	Nr. 10: Natrium sulfuricum
	Nr. 6: Kalium sulfuricum
Quecksilber	Nr. 4: Kalium chloratum
	Nr. 8: Natrium chloratum
	Nr. 11: Silicea
	Nr. 7: Magnesium phosphoricum
Rauch, Kohlendioxyd	Nr. 8: Natrium chloratum
Schlangenbiss	Nr. 8: Natrium chloratum
	Nr. 5: Kalium phosphoricum
	Kochsalz auf die Wunde streuen
Tollwut	Nr. 8: Natrium chloratum
	Nr. 5: Kalium phosphoricum
	Kochsalz auf die Wunde streuen

Diverses

Allergie

Nr. 2: Calcium phosphoricum
Nr. 3: Ferrum phosphoricum
Nr. 4: Kalium chloratum
Nr. 5: Kalium phosphoricum
Nr. 8: Natrium chloratum
Nr. 10: Natrium sulfuricum
Tabletten über längere Zeit alternierend einnehmen: 3 x 2 Tabletten täglich

Erfrierungen

Nr. 10: Natrium sulfuricum
Nr. 5: Kalium phosphoricum

Erste Hilfe
wo immer plötzlich gesundheitliche Störungen auftreten

Nr. 3: Ferrum phosphoricum
äusserlich als Salbe anwenden

Radioaktive Belastung

Nr. 2: Calcium phosphoricum
Nr. 15: Kalium jodatum

Reisekrankheit	Nr. 8: Natrium chloratum Nr. 7: Magnesium phosphoricum
bei Jetlag	Nr. 5: Kalium phosphoricum Nr. 7: Magnesium phosphoricum Nr. 11: Silicea

SEXUALITÄT

Gestörte Sexualität	Nr. 6: Kalium sulfuricum Nr. 2: Calcium phosphoricum

IMMUNSYSTEM

Stärkung des Immunsystems	Nr. 2: Calcium phosphoricum Nr. 3: Ferrum phosphoricum Nr. 6: Kalium sulfuricum Nr. 7: Magnesium phosphoricum Nr. 9: Natrium phosphoricum Nr. 23: Natrium bicarbonicum

WIRBELSÄULE

Bandscheibenprobleme bei Bandscheibenproblemen → Arzt aufsuchen	Nr. 1: Calcium fluoratum Nr. 2: Calcium phosphoricum Nr. 7: Magnesium phosphoricum Nr. 8: Natrium chloratum Nr. 11: Silicea alternierend 3 x 2 Tabletten pro Tag über längere Zeit einnehmen

VERBRENNUNGEN

Blasen, Brandblasen	Nr. 8: Natrium chloratum
wenn wässerig-blutig	Nr. 5: Kalium phosphoricum
wenn wässerig mit gelblichem Inhalt	Nr. 10: Natrium sulfuricum

ZYTOLOGIE

Zellaufbau	Nr. 2: Calcium phosphoricum
Wachstum und Regeneration fördern	Nr. 5: Kalium phosphoricum
	Nr. 8: Natrium chloratum

Mineralsalze bei verschiedenen Hustenformen

Bellender Husten (Resonanzhusten)	Nr. 1: Calcium fluoratum
Auswurf weiss oder wässerig, zäh, fadig,	Nr. 4: Kalium chloratum
schwerlösend	Nr. 8: Natrium chloratum
schaumig-glasig, glasig-klumpig	Nr. 1: Calcium fluoratum
wenn gelblich und fest	Nr. 10: Natrium sulfuricum
gelbgrünlich	Nr. 9: Natrium phosphoricum
honiggelb	Nr. 9: Natrium phosphoricum
eiterig gelb	Nr. 11: Silicea
eiterig grün	Nr. 10: Natrium sulfuricum
stinkend	Nr. 5: Kalium phosphoricum
hellgelb-schleimig	Nr. 6: Kalium sulfuricum
Kügelchen von Kastaniengeschmack	Nr. 1: Calcium fluoratum

Mineralsalze bei bestimmten Empfindungen und Wahrnehmungszuständen

Auswüchse

Harte Anschwellungen jeder Art Verhärtungen	Nr. 1: Calcium fluoratum
Grützbeutel	Nr. 4: Kalium chloratum Nr. 11: Silicea Nr. 2: Calcium phosphoricum
Polypen	Nr. 2: Calcium phosphoricum

Blutungen

schwächlich-rot, dünnflüssig, nicht gerinnend	Nr. 2: Calcium phosphoricum
gallertartig gerinnend, hellrot	Nr. 3: Ferrum phosphoricum
klumpig gerinnend, schwarz, dick und zähflüssig	Nr. 4: Kalium chloratum
nicht gerinnend, sonst aber von natürlicher Beschaffenheit	Nr. 2: Calcium phosphoricum
faulig	Nr. 5: Kalium phosphoricum
Bluten des Zahnfleisches ohne vorhergegangene Verletzung	Nr. 5: Kalium phosphoricum
Frische Verletzung	Nr. 3: Ferrum phosphoricum

Brandblasen

Nr. 8: Natrium chloratum
äusserlich Pulver applizieren
Bei Entzündung:
Nr. 3: Ferrum phosphoricum

Bruch
→ Arzt konsultieren!
Leistenbruch

Nr. 1: Calcium fluoratum
Nr. 11: Silicea

Knochenbrüche

Nr. 3: Ferrum phosphoricum
Nr. 2: Calcium phosphoricum
Nr. 1: Calcium fluoratum
Nr. 11: Silicea

Bänglichkeit, Ängstlichkeit

Nr. 4: Kalium chloratum
Nr. 2: Calcium phosphoricum

Blutarmut

Nr. 2: Calcium phosphoricum
Nr. 8: Natrium chloratum

Bleichsucht

Nr. 4: Kalium chloratum
Nr. 2: Calcium phosphoricum

Einschlafen der Glieder
Kribbeln in den Gliedern

Nr. 2: Calcium phosphoricum
Nr. 11: Silicea

Elastizitätsmangel
bei allen Dehnungsarten

Nr. 1: Calcium fluoratum

Fingernägel
Brüchige Fingernägel

Nr. 1: Calcium fluoratum
Nr. 11: Silicea

Frostgefühl

Nr. 3: Ferrum phosphoricum

Gähnen

Nr. 8: Natrium chloratum

Gedächtnisschwäche
Denkunfähigkeit

Nr. 8: Natrium chloratum
Nr. 5: Kalium phosphoricum

Geifern
Speichelfluss
Gefühl als wäre ein Zahn länger

Nr. 8: Natrium chloratum
Nr. 1: Calcium fluoratum

Gefühl von Zerschlagenheit

Nr. 10: Natrium sulfuricum

Gefühl von Empfindungslosigkeit, Taubheit und Kälte eines Körperteils (vorübergehend)

Nr. 2: Calcium phosphoricum
Nr. 5: Kalium phosphoricum

Gereiztheit

Nr. 11: Silicea
Nr. 9: Natrium phosphoricum

Geruchs-, Geschmacksverlust

Nr. 8: Natrium chloratum

Heisshunger

Nr. 7: Magnesium phosphoricum

Hungergefühl ohne Grund

Nr. 8: Natrium chloratum
Nr. 7: Magnesium phosphoricum

Hautjucken

Nr. 6: Kalium sulfuricum
Nr. 7: Magnesium phosphoricum

Innere Unruhe

Nr. 7: Magnesium phosphoricum

Kälte in Herzgegend

Nr. 11: Silicea

Kahlköpfigkeit

Nr. 11: Silicea
Nr. 8: Natrium chloratum

Kreisrunder Haarausfall
Alopecia areata

Nr. 5: Kalium phosphoricum
Nr. 8: Natrium chloratum

Kältegefühl in den Füssen

Nr. 8: Natrium chloratum

Kälte im Kopf	Nr. 11: Silicea Nr. 8: Natrium chloratum
Knacken der Gelenke	Nr. 8: Natrium chloratum
Krampf in den Muskeln Krampf in Organen, die vom autonomen Nervensystem gesteuert werden	Nr. 2: Calcium phosphoricum Nr. 7: Magnesium phosphoricum
Kribbeln der Haut während der Bettruhe	Nr. 2: Calcium phosphoricum Nr. 11: Silicea
Muskelarbeit anstrengend	Nr. 3: Ferrum phosphoricum
Muskelerschöpfung (Nerven)	Nr. 6: Kalium sulfuricum
Muskelzucken	Nr. 11: Silicea
Nagendes Gefühl im Magen, auch Leeregefühl	Nr. 7: Magnesium phosphoricum Nr. 8: Natrium chloratum
Ohrpuls	Nr. 3: Ferrum phosphoricum
Pflock im Hals	Nr. 9: Natrium phosphoricum
Platzangst	Nr. 5: Kalium phosphoricum Nr. 8: Natrium chloratum
Pulsschlag klein und schnell bei Blutver- wässerung	Nr. 8: Natrium chloratum

Schlafstörungen
schlechtes Befinden gegen 2 Uhr
nachts

Nr. 2: Calcium phosphoricum

Schläfrigkeit am Tage
Erst im Laufe des Tages so richtig
arbeitsfähig, abends dann voll im
Schwung

Nr. 11: Silicea
Nr. 9: Natrium phosphoricum

**Schluckauf, Zusammenziehen
des Zwerchfells**

Nr. 7: Magnesium phosphoricum
Nr. 2: Calcium phosphoricum

Schreckhaftigkeit
Überempfindliche Nerven

Nr. 11: Silicea
Nr. 9: Natrium phosphoricum

Schwache Nerven

Nr. 5: Kalium phosphoricum
Nr. 8: Natrium chloratum

Schnelles Schlagen des Herzens

Nr. 2: Calcium phosphoricum

Unruhiges Herz

Nr. 2: Calcium phosphoricum

Schüttelfrost
Fieber bis 38,8°

Nr. 3: Ferrum phosphoricum

höher als 38,8°

Nr. 5: Kalium phosphoricum

Schwindel beim Bücken
Bei niedrigem Blutdruck (Hypotonie)

Nr. 11: Silicea
Nr. 3: Ferrum phosphoricum

Taubheit, Kälte	Nr. 5: Kalium phosphoricum
Zerschlagenheit am Morgen	Nr. 11: Silicea
Schwere Beine	Nr. 10: Natrium sulfuricum
Zucken von Beinen und Armen im Halbschlaf	Nr. 11: Silicea
	Nr. 5: Kalium phosphoricum
Dauerndes unruhiges Zucken Restles leg Syndrom	Nr. 5: Kalium phosphoricum

Mineralsalze bei entero-gastrischen Beschwerden und Wahrnehmungen

Akute Magenentzündung
Schmerzend aufgetriebene
Magengegend   Nr. 3: Ferrum phosphoricum
Erbrechen
Fieber
Druck auf die Magengegend

Darmmuskeln erschlafft   Nr. 3: Ferrum phosphoricum
Erschlaffung der elastischen   Nr. 1: Calcium fluoratum
Fasern

Darmgeschwür   Nr. 9: Natrium phosphoricum
                                     Nr. 11: Silicea

Darmlähmung   Nr. 5: Kalium phosphoricum
                                     Nr. 8: Natrium chloratum

Darmriss   Nr. 1: Calcium fluoratum

Durchfall
wässerig-schleimig   Nr. 8: Natrium chloratum
aashaft stinkend   Nr. 5: Kalium phosphoricum
wässerig-gallig   Nr. 10: Natrium sulfuricum
dunkelgrün mit Leibschmerzen   Nr. 10: Natrium sulfuricum
schaumig   Nr. 8: Natrium chloratum
blutig-schleimig   Nr. 4: Kalium chloratum
eiterig, evtl. mit Blut vermischt   Nr. 9: Natrium phosphoricum
                                     Nr. 11: Silicea
unverdaute Speisen   Nr. 3: Ferrum phosphoricum
überschüssige Säure   Nr. 9: Natrium phosphoricum
wässerig   Nr. 7: Magnesium phosphoricum
Abgehen von Schleimhautfetzen   Nr. 6: Kalium sulfuricum

Erbrechen	Nr. 3: Ferrum phosphoricum
von Galle	Nr. 7: Magnesium phosphoricum Nr. 10: Natrium sulfuricum
von durchsichtigem Schleim	Nr. 8: Natrium chloratum
von Schaum	Nr. 8: Natrium chloratum
Kotklumpen mit Schleim überzogen	Nr. 8: Natrium chloratum
Kräftezerfall Betäubung	Nr. 5: Kalium phosphoricum Nr. 8: Natrium chloratum
Krampfhafte Schmerzen wenn geringe Mengen von Gas abgehen, ohne dass aber Besserung eintritt	Nr. 7: Magnesium phosphoricum als heisse Lösung Nr. 7: Magnesium phosphoricum
Blähungskolliken	Nr. 7: Magnesium phosphoricum als heisse Lösung nötigenfalls nach 20 Min. wiederholen
Magenerweiterung	Nr. 5: Kalium phosphoricum Nr. 1: Calcium fluoratum
Magensenkung	Nr. 1: Calcium fluoratum Nr. 11: Silicea
Magenschmerzen Speichelfluss oder Zusammen- laufen von Wasser im Munde	Nr. 8: Natrium chloratum

Magengeschwür (rund) → Arzt konsultieren	Nr. 8: Natrium chloratum Nr. 5: Kalium phosphoricum
Stuhlverstopfung Druck und Völlegefühl Gelbschleimiger Zungenbelag Windstauungen im Dickdarm Sodbrennen Saures Aufstossen	Nr. 6: Kalium sulfuricum Nr. 6: Kalium sulfuricum Nr. 10: Natrium sulfuricum Nr. 8: Natrium chloratum Nr. 9: Natrium phosphoricum Nr. 7: Magnesium phosphoricum
Verminderte Peristaltik (Darmbewegung)	Nr. 7: Magnesium phosphoricum Nr. 3: Ferrum phosphoricum
Beklemmung	Nr. 7: Magnesium phosphoricum
infolge Darmlähmung	Nr. 5: Kalium phosphoricum Nr. 8: Natrium chloratum
Gefühl, als sei der Mastdarm gelähmt, mit gleichzeitigen Kreuzschmerzen	Nr. 11: Silicea Nr. 9: Natrium phosphoricum
Chronische Darmträgheit	Nr. 7: Magnesium phosphoricum Nr. 8: Natrium chloratum
Trockene Zunge nach Durst- gefühl	Nr. 8: Natrium chloratum
Unangenehme Empfindung auf der Milzgegend	Nr. 7: Magnesium phosphoricum

Mineralsalze bei übermässigen Bedürfnisformen

Übermässiges Bedürfnis nach

Alkohol	Nr. 7: Magnesium phosphoricum Nr. 8: Natrium chloratum
Allein zu sein	Nr. 5: Kalium phosphoricum Nr. 8: Natrium chloratum
Bewegung	Nr. 11: Silicea
Bitterem	Nr. 10: Natrium sulfuricum Nr. 6: Kalium sulfuricum
Frischer Luft	Nr. 6: Kalium sulfuricum
Kaffee	Nr. 7: Magnesium phosphoricum
Kakao	Nr. 7: Magnesium phosphoricum
Kochsalze	Nr. 8: Natrium chloratum
Kreide	Nr. 2: Calcium phosphoricum
Sich niederlegen	Nr. 8: Natrium chloratum
Saurem	Nr. 4: Kalium chloratum Nr. 8: Natrium chloratum Nr. 7: Magnesium phosphoricum
Süssigkeiten	Nr. 11: Silicea Nr. 9: Natrium phosphoricum
Tabak	Nr. 7: Magnesium phosphoricum

Mineralsalze bei Inkontinenz und anderen Harnabgang-Unstimmigkeiten

Bettnässen
ist Nervenschwäche die Ursache

Nr. 10: Natrium sulfuricum
Nr. 5: Kalium phosphoricum
Nr. 8: Natrium chloratum

Inkontinenz beim Husten oder Lachen

Nr. 3: Ferrum phosphoricum

Plötzlich stark auftretender Harndrang
ohne dass entsprechende Urin-
mengen angesammelt wären

Nr. 8: Natrium chloratum

Unwillkürlicher Harnabgang

Nr. 10: Natrium sulfuricum

Mineralsalze bei verschiedenen Formen von Schmerzen

Abend
am Abend schlimmer werdende
Schmerzempfindung

Nr. 6: Kalium sulfuricum

Anstrengung
verschlimmernd bei Anstrengungen

Nr. 5: Kalium phosphoricum

Ausstrahlende Schmerzform
(reissend)

Nr. 8: Natrium chloratum

Bläschen an den Lippen

Nr. 8: Natrium chloratum

Bläschen am After

Nr. 8: Natrium chloratum

Blutandrang im Kopf
beim Vorbeugen mit Druck auf
die Augenhöhlen

Nr. 3: Ferrum phosphoricum
Nr. 10: Natrium sulfuricum

Brennende Schmerz-
empfindung
brennend-ätzende Empfindung

Nr. 8: Natrium chloratum
Nr. 1: Calcium fluoratum

Bewegung
Schmerzempfindung bei begin-
nender Bewegung

Nr. 5: Kalium phosphoricum

Nachlassen bei mässiger Bewegung

Nr. 5: Kalium phosphoricum

Berührung
unangenehm-schmerzhafte
Empfindung bei Berührung

Nr. 1: Calcium fluoratum

Besserung in kühler Luft

Nr. 6: Kalium sulfuricum

Besserung bei Ruhe

Nr. 3: Ferrum phosphoricum

Dumpfe Empfindung (reissend)	Nr. 9: Natrium phosphoricum
Erwärmung Verminderung durch Erwärmung oder Warmarbeit	Nr. 9: Natrium phosphoricum Nr. 11: Silicea
Frostgefühl	Nr. 10: Natrium sulfuricum
Geräusch Schmerzempfindung durch Geräusche, Reizbarkeit	Nr. 11: Silicea
Haarboden schmerzend, evtl. mit kleinen Knötchen	Nr. 11: Silicea Nr. 3: Ferrum phosphoricum
Heftige Schmerzen bei leerem Magen	Nr. 7: Magnesium phosphoricum
Hellschleimige Zunge zusammen mit trägem Stuhlgang	Nr. 8: Natrium chloratum
Hitze und Röte mit Schmerz verbunden	Nr. 3: Ferrum phosphoricum
Kalte Hände und Füsse im Zusammenhang mit Schmerzempfindung	Nr. 8: Natrium chloratum
Klopfend-pochender Schmerz pulsähnlich	Nr. 3: Ferrum phosphoricum

Kopfschmerz bei Kindern
stechend oder drückend im Kopf,   Nr. 3: Ferrum phosphoricum
lähmend   Nr. 5: Kalium phosphoricum

Lebhaft stechende Empfindung   Nr. 7: Magnesium phosphoricum
plötzlich da und dort auftretend,
zeitweise mit unterbrechenden
Momenten

lindernde Schmerzempfindung   Nr. 3: Ferrum phosphoricum
durch Kälte

lindernde Schmerzempfindung   Nr. 7: Magnesium phosphoricum
durch Druck

Milzschmerz (Seitenstechen)   Nr. 8: Natrium chloratum
   Nr. 7: Magnesium phosphoricum

nachlassend durch Wärme   Nr. 7: Magnesium phosphoricum

Nacken-Hinterkopf-Schmerz   Nr. 8: Natrium chloratum
ausstrahlend, verschlimmert
durch kalte Füsse

Nach Schmerzempfindung   Nr. 5: Kalium phosphoricum
nachfolgend grosse Schwäche
neuralgische Schmerzempfindung   Nr. 11: Silicea

Ohr-Zahnschmerz (Nervus trigeminus)	Nr. 8: Natrium chloratum
schlimme Schmerzempfindung in kalter Luft	Nr. 11: Silicea
schlimmer werdend durch Anstrengung	Nr. 5: Kalium phosphoricum
schlimmer werdend durch Schütteln, Bücken, durch jegliche Bewegung des Kopfes	Nr. 3: Ferrum phosphoricum
schlimmer nachts, oft mit Kribbeln	Nr. 2: Calcium phosphoricum
schlimm werdend in warmem Zimmer	Nr. 6: Kalium sulfuricum
schlimmer werdend in feuchter Wohnung, bei feuchtem Wetter oder in sumpfiger Gegend	Nr. 8: Natrium chloratum
Schneidender Schmerz	Nr. 10: Natrium sulfuricum
Tränen oder Speichelfluss im Zusammenhang mit Schmerzempfindung	Nr. 8: Natrium chloratum
Überempfindlichkeit Reizbarkeit	Nr. 11: Silicea

Zahnschmerz bei hellrot gesäumtem oder blutendem Zahnfleisch	Nr. 5: Kalium phosphoricum
wenn der Zahn lose ist und seine Oberfläche gegen die leiseste Berührung empfindlich ist	Nr. 1: Calcium fluoratum

Mineralsalze bei verschiedenartig auftretenden Schweissabsonderungen

Ätzender Schweiss   Nr. 8: Natrium chloratum
                                   Nr. 1: Calcium fluoratum

Fettiger Schweiss   Nr. 9: Natrium phosphoricum

Grünfärbender Schweiss   Nr. 10: Natrium sulfuricum

Nachtschweiss   Nr. 8: Natrium chloratum

Reinwässeriger Schweiss   Nr. 8: Natrium chloratum

Sauer riechender Schweiss   Nr. 9: Natrium phosphoricum

Übelriechender Schweiss   Nr. 5: Kalium phosphoricum

Nachschlageteil, alphabetisches Verzeichnis

Mineralsalze

Nachwort

Sicherlich haben Sie in diesem Kompendium viele Ratschläge und Anregungen zur Anwendung und Behandlung mit den Biochemischen Salzen nach Dr. Schüssler gefunden.

Es sei nochmals daran erinnert, dass es sich bei diesem Buch um ein «Kompendium» handelt. Das heisst: die Angaben sind in knapper Form und im Sinne eines Nachschlagewerks gehalten. Für weitergehende Auskunft kann ein ausführliches Werk zusätzliche Hilfe bieten. Ebenso empfiehlt sich der Rat eines in der Methode nach Dr. Schüssler ausgebildeten Therapeuten, Arztes bzw. einer Fachperson.

Möchten Sie sich selbst mit den Biosalzen vertieft auseinandersetzen, bietet der Biochemische Verein Zürich regelmässige Ausbildung, Vortragsabende und Workshops zu diesem und weiteren Themen zur ganzheitlichen Gesundheit an. Hier werden wertvolle Erfahrungen ausgetauscht und versierte Therapeuten stehen mit ihrer ganzen Kompetenz für Ausbildung und individuelle Fragen zur Verfügung:

Alfred P. Clerici
Bahnhofstrasse 286
8623 Wetzikon 3
Telefon +41 1 930 33 32/37

Jo Marty
BMO AG
Sonnenbergstrasse 11
8610 Uster
Telefon + 41 1 905 99 88
Fax +41 1 905 99 89